キラかわ★ガール

自分《じぶん》をみがこう!

一生《いっしょう》役《やく》立《だ》つルールとマナー

The book of Rules and Manners

大塚《おおつか》けいこ＝監修《かんしゅう》

ナツメ社《しゃ》

はじめに

ルールやマナーってなに？

あなたは「ルール」や「マナー」ということばを聞《き》いたことはありますか？「かたくるしそう」「ちょっとむずかしそう」と思《おも》った人《ひと》もいるかもしれませんね。

ルールとは、わたしたちの住《す》む世界《せかい》をまとめるためのきまりやけじめです。ルールがない世界《せかい》では、一人《ひとり》ひとりが自分勝手《じぶんかって》に行動《こうどう》し、まわりの人《ひと》にめいわくをかけてしまうことでしょう。

そして、マナーとは、相手《あいて》への思《おも》いやりや敬《うやま》う心《こころ》を行動《こうどう》で表《あらわ》すことです。小《ちい》さなときから「あいさつをしましょう」「ごはんを食《た》べるときは、のこさず食《た》べましょう」と家庭《かてい》でもいわれてきていると思《おも》いますが、これもりっぱなマナーのひとつです。
つまりルールもマナーも、わたしたち人間《にんげん》の社会《しゃかい》に、なくてはならないものなのです。

朝《あさ》、学校《がっこう》で友《とも》だちや先生《せんせい》にあいさつをしない子《こ》や約束《やくそく》を守《まも》らない子《こ》よりも、えがおであいさつができる子《こ》や約束《やくそく》を守《まも》れる子《こ》のほうが、まわりから好《す》かれますね。実際《じっさい》「病《やまい》は治《なお》るがクセは治《なお》らぬ」ということわざがありますが、一度身《いちどみ》につけてしまったわるい習慣《しゅうかん》は、おとなになってもなかなか直《なお》すことができないという意味《いみ》なのです。

だからこそ、この本《ほん》を手《て》に取《と》ってくれたあなたには、すてきなおとなになるためのマナーを身《み》につけてほしいと思《おも》います。この本《ほん》は、これから身《み》につけるとおとなになってからも役立《やくだ》つルールとマナーの基本《きほん》がまとめられています。たくさんのイラストやマンガでわかりやすく説明《せつめい》しているので、ぜひ楽《たの》しく読《よ》んでください。

アフェクションキッズマナー　大塚《おおつか》けいこ

すてきなおとなになりたい!

ピンポーン
チュン チュン
はーい、あら!
おはようございます
陽子《ようこ》ちゃん、どうしたの?
実家《じっか》から送《おく》られてきたんですが、ひとりじゃ食《た》べきれなくて…

すみません、朝《あさ》早《はや》くから
実家《じっか》、長野《ながの》だもんね、ありがとう
そうだ！これでアップルパイ作《つく》ろうかな。陽子《ようこ》ちゃん、よかったらあがっていって！
えっ はいっ
おじゃまします
わたしもなにかお手《て》伝《つだ》いしますね
カチャ
おはよ〜、だれか来《き》たのー？
陽子《ようこ》おねえちゃん!!
あ、メイちゃんカイくん、おはよう！

わたし
パジャマだ!!
着《き》がえてくるっ
ママ、りんごー？
メイ、せめてあいさつしてからでしょ！
もう、本《ほん》当《とう》にごめんね
いいえ、わたしも朝《あさ》早《はや》くにおじゃましてしまって
陽子《ようこ》おねえちゃん、おはようございます
ドキドキ
おはよう。いっしょにアップルパイ作《つく》ろう！
皮《かわ》むき上《じょう》手《ず》!!
できたー
おいしそうっ！

ごちそうさまでした。
おじゃましました
また遊《あそ》びに
来《き》てね
陽子《ようこ》ちゃんにカイくんの
およめさんに
なってほしいわ〜♡
えーーっ
気《き》が早《はや》くないっ?
カイくんとっ?
ぼくは
ママとが
いい…
あんなに気配《きくば》りができて
しっかりしている子《こ》、
なかなかいないもの
おかあさん、わたしも
陽子《ようこ》おねえちゃん
みたいになれるかな⁉
なれるわよ、そのためには
マナーやルールをきちんと
身《み》につけないとね!

もくじ

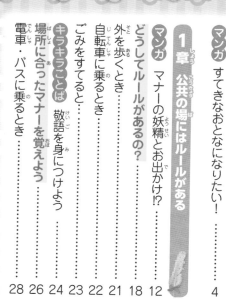

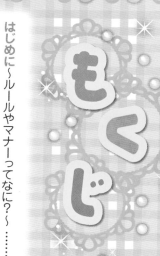

3章《しょう》 マナーを守《まも》ればみんなと仲《なか》よくできる

パート1

公共《こうきょう》の場《ば》にはルールがある

マナーの妖精《ようせい》とお出《で》かけ!?

でも、おねえちゃんみたいになりたいし…
なんか眠《ねむ》くなってきちゃった…アップルパイ食《た》べすぎたかな…
Zzz…
メイ! メイ! お友《とも》だちのところに行《い》く時間《じかん》よーっ
えっ うそっ
ヤバ 眠《ねむ》ってた!?
ウフフ
こんにちは、メイちゃん!
えっ、わたしの落書《らくが》き!?
わたしはマナーの妖精《ようせい》よ! いっしょにお友《とも》だちのところへ行《い》きましょ
まだ夢《ゆめ》の中《なか》なのかな?

行《い》ってらっしゃい!
行《い》ってきまーす!
本当《ほんとう》にいっしょに来《く》るのね
そうよ
チーン
あっすみません
キャーッ
どうぞ
ありがとうございます
いまの「どうぞ」もマナーだよ
メイちゃんがドアにはさまれないように気《き》をつかってくれたでしょ
えー、そうなの?
そっかーマナーって気《き》くばりのことなのかな?

チカ
チカ
あ、信号《しんごう》チカチカしてる…
わたりたいけど…
あぶないから
やめとこっ
ビュン
キャッ
キキーッ
あぶない!
ああ、
びっくりした…
メイちゃんも
あわてて
わたらなくて
よかったね

本当《ほんとう》によかった
青《あお》だけどちゃんと右左右《みぎひだりみぎ》を見《み》てからわたるよー
そうだね！ルールを守《まも》ることはきけんをさけることにもなるんだよ！
うん
あ、ミナちゃん！
メイちゃん！
なにして遊《あそ》ぶ？
わたしバドミントン持《も》ってきたよ！このあいだ買《か》ってもらったの
わーい！やるやる～♡
よーし、わたしからうってもいい？
いいよ

えいっ
わっ
シュッ
あっ
コツン
ごめんね ごめんね
だいじょうぶよ
あ〜ん
あ〜ん
あっちのだれもいないところでやろうか
そうだね
ママ アイスでーす
ありがとう
公園《こうえん》はみんなが楽《たの》しく遊《あそ》べるように心《こころ》がけないとね

どうして ルールがあるの？

ルールやマナーって、かたくるしいイメージだけど、
なんのためにあるの？　守《まも》らないとどうなるの？

人々《ひとびと》が集《あつ》まり「社会《しゃかい》」ができる

わたしたちは、さまざまな人《ひと》たちとかかわりあいながら、社《しゃ》会《かい》をつくっています。社会《しゃかい》とは人々《ひとびと》の集《あつ》まりのことで、「家族《かぞく》はもっとも小《ちい》さな社《しゃ》会《かい》」ともいわれます。

わたしたちはみんな、なんらかの社会《しゃかい》の一員《いちいん》です。むずかしいことばで、社会《しゃかい》に「所属《しょぞく》している」ともいいます。

あなたは家族《かぞく》の一員《いちいん》であると同時《どうじ》に、通《かよ》っている学校《がっこう》の一員《いちいん》でもあり、住《す》んでいる地域《ちいき》の一《いち》員《いん》でもあり、大《おお》きな視点《してん》でみると、日本《にほん》という国《くに》に住《す》む一員《いちいん》でもあります。

社会《しゃかい》には「ルール」がある

社会《しゃかい》の中《なか》にはさまざまなルールがあります。ルールというのは、わたしたちが社会《しゃかい》で生《い》きていく上《うえ》で守《まも》らなければならない決《き》まりのことです。

身近《みぢか》なところでは、家族《かぞく》が話《はな》し合《あ》って決《き》める「お家《うち》のルール」、クラスの中《なか》で決《き》める「クラスのルール」などがありますね。

また、学校《がっこう》が決《き》めたルールは「校則《こうそく》」、都道府県《とどうふけん》や市区町村《しくちょうそん》などが決《き》めたルールは「条例《じょうれい》」、国《くに》が決《き》めたルールは「法律《ほうりつ》」とよ

ばれます。

自分《じぶん》が一員《いちいん》である社会《しゃかい》のルールは、かならず守《まも》らなくてはなりません。もし、ルールをやぶってしまった場合《ばあい》には、バツを受《う》けなければならないなんてこともあります。

ルールが必要《ひつよう》な理由《りゆう》

なぜ社会《しゃかい》にはルールが必要《ひつよう》なのでしょう？　理由《りゆう》は大《おお》きく分《わ》けてふたつあります。

ルールがあるひとつ目《め》の理由《りゆう》は、きけんをさけ、安全《あんぜん》にすごすためです。たとえば、自転車《じてんしゃ》のふたり乗《の》りは「道路交通法《どうろこうつうほう》」という法律《ほうりつ》で禁止《きんし》されていますが、これはきけんをさけるために決《き》められたルールのひとつです。

ふたつ目《め》の理由《りゆう》は、まわりの人《ひと》にめいわくをかけないようにするためです。たとえば、他人《たにん》のものをわざとこわしたり、ごみをポイすてしたりしてはいけないというのは、人《ひと》にめいわくをかけないために決《き》められたルールのひとつです。

ルールとマナーのちがいはなに？

ルールと合《あ》わせてよく耳《みみ》にすることばに「マナー」があります。

マナーとは、わたしたちが気《き》も

ちょくくらしていくための心《こころ》づかいのことで、「行儀《ぎょうぎ》」や「作法《さほう》」ともいわれます。身近《みぢか》なマナーとしては、「人《ひと》と会《あ》うときには、身《み》だしなみを整《ととの》える」「食事《しょくじ》をするときは音《おと》をたてないようにする」といったものがあります。

マナーいはんをしてもバツを受《う》けることはありません。けれども、マナーを守《まも》らない人《ひと》が多《おお》い社会《しゃかい》では、気《き》もちよくくらすことはできません。

ルールとマナーを身《み》につけよう

社会《しゃかい》には、たくさんのルールやマナーがあります。

そして、みんなが安全《あんぜん》に気《き》もちよくすごすことのできる社会《しゃかい》をつくるためには、わたしたちひとりひとりがルールとマナーをしっかりと守《まも》っていくことが必要《ひつよう》なのです。

これから成長《せいちょう》していくみんなにとって、社会《しゃかい》にどんなルールやマナーがあるのかを知《し》って、身《み》につけていくことは、とても大切《たいせつ》なことです。

相手《あいて》の状況《じょうきょう》や立場《たちば》を想像《そうぞう》し、思《おも》いやることができるすてきな人《ひと》を目《め》ざして、ルールやマナーを学《まな》び、そして行動《こうどう》していきましょう。

外《そと》を歩《ある》くとき

歩《ほ》道《どう》があるところでは歩《ほ》道《どう》を、歩《ほ》道《どう》がないところでは道《どう》路《ろ》の右《みぎ》がわを歩《ある》くのが、歩《ほ》行《こう》者《しゃ》のルールです。

歩《ほ》道《どう》があるところでは歩《ほ》道《どう》を歩《ある》き、道《みち》の向《む》こうがわに行《い》きたいときは、横《おう》断《だん》歩《ほ》道《どう》を使《つか》いましょう。横《おう》断《だん》歩《ほ》道《どう》は、信《しん》号《ごう》が青《あお》になった後《あと》、左《さ》右《ゆう》から車《くるま》が来《き》ていないことを確《かく》認《にん》してからわたるのが基《き》本《ほん》です。

信《しん》号《ごう》のない横《おう》断《だん》歩《ほ》道《どう》や交《こう》差《さ》点《てん》は、要《よう》注《ちゅう》意《い》。車《くるま》が来《き》ていないことを自《じ》分《ぶん》の目《め》で十《じゅう》分《ぶん》に確《かく》認《にん》してから、わたりましょう。

歩《ある》くときは、目《め》や耳《みみ》からの情《じょう》報《ほう》がとても大《たい》切《せつ》。まわりに注《ちゅう》意《い》を向《む》けられなくなってきけんなので、本《ほん》やスマホを見《み》ながら歩《ある》くのはぜったいにやめておいて！

友《とも》だちといっしょに外《そと》を歩《ある》くときは、道《みち》いっぱいに広《ひろ》がらないように。通《とお》れなくてこまっている人《ひと》が後《うし》ろにいるかもしれません。また、歩《ある》きながら食《た》べたり飲《の》んだりするのは、行《ぎょう》儀《ぎ》がわるいのでやめましょう。

自転車《じてんしゃ》に乗《の》るとき

自転車《じてんしゃ》にはきけんもいっぱい。交通《こうつう》ルールを守《まも》って、
安全《あんぜん》にサイクリングを楽《たの》しみましょう。

自転車《じてんしゃ》は、車《くるま》の仲間《なかま》なので、原則《げんそく》として車道《しゃどう》の左側《ひだりがわ》を走《はし》ります。自動車《じどうしゃ》に気《き》をつけながら走《はし》りましょう。13さい未満《みまん》であれば、歩道《ほどう》を走《はし》ってもOK《オーケー》です。歩道《ほどう》では、歩行者《ほこうしゃ》の安全《あんぜん》に気《き》をつけながら、車道《しゃどう》に近《ちか》い部分《ぶぶん》を走《はし》ります。横断歩道《おうだんほどう》に自転車《じてんしゃ》マークがあるときは、マークの部分《ぶぶん》をわたります。

自転車《じてんしゃ》をとめるときは、駐輪場《ちゅうりんじょう》などの決《き》められた場所《ばしょ》に置《お》いて、かぎをかけます。歩道《ほどう》や点字《てんじ》ブロックの上《うえ》に自転車《じてんしゃ》をとめるのは、まわりの人《ひと》のめいわくになるのでやめましょう。

自転車《じてんしゃ》に乗《の》りながらかさをさすこと、2人《ふたり》乗《の》りをすること、夜《よる》にライトをつけずに走《はし》ること、横《よこ》ならびで走《はし》ること、携帯電話《けいたいでんわ》などを使《つか》いながら走《はし》ることは、とてもきけんなのでぜったいにやめて。

ごみをすてると…

外出中《がいしゅつちゅう》にごみが出《で》たら、家《いえ》まで持《も》ち帰《かえ》るか
ごみ箱《ばこ》にすてるようにしましょう。

公園《こうえん》や道《みち》はみんなが使《つか》う場所《ばしょ》。ごみをすててはいけません。もし、公園《こうえん》や道《みち》にごみが散《ち》らばっていたら、見《み》た人《ひと》はいやな気《き》もちになってしまいますね。小《ちい》さい子《こ》がまちがって、ごみを口《くち》に入《い》れてしまうかもしれません。

ひとりひとりが気《き》をつければ、街《まち》をきれいにすることができます。そうじをしたり、お花《はな》を植《う》えたりといった清掃《せいそう》・美《び》化運動《かうんどう》に参加《さんか》するのもよいですね。

街《まち》のちょっとしたみだれをそのままにしておくと、そのうち街全体《まちぜんたい》があれて、犯罪《はんざい》がふえてしまうというお話《はなし》もあります。街《まち》の中《なか》でも、落書《らくが》きがあったり、ごみがたくさん散《ち》らかっている場所《ばしょ》は、きけんが多《おお》いと言《い》われています。公共《こうきょう》の場所《ばしょ》をきれいに使《つか》うのは、街《まち》の安全《あんぜん》にもつながる大切《たいせつ》なマナーなのですね。

キラキラことば

敬語《けいご》を身《み》につけよう

相手《あいて》や状況《じょうきょう》に合《あ》った正《ただ》しい敬語《けいご》を身《み》につけておくと、おとなになって、とても役《やく》に立《た》ちますよ。

年上《としうえ》の人《ひと》や初《はじ》めて会《あ》う人《ひと》と話《はな》すとき、たくさんの人《ひと》の前《まえ》で話《はな》すとき、あらたまった場《ば》で話《はな》すときは敬語《けいご》を使《つか》います。

クラスのみんなの前《まえ》で話《はな》すときは、自分《じぶん》のことは「わたし」「ぼく」とよび、友《とも》だちのことは「～さん」とよびます。自分《じぶん》の家族《かぞく》のことは「父《ちち》」「母《はは》」「兄《あに》」「姉《あね》」「祖父《そふ》」「祖母《そぼ》」などとよぶと、すてきですね。

また、「お知《し》らせ」「お名前《なまえ》」「ごはん」など、ことばの前《まえ》に「お」や「ご」をつけるとていねいな印《いん》象《しょう》に。ただし、むやみにつけすぎるとおかしいので、注意《ちゅうい》して。

敬語《けいご》には、左《ひだり》の表《ひょう》のように大《おお》きく分《わ》けて3つの種類《しゅるい》があります。まずはていねい語《ご》をしっかりマスターしましょう。尊《そん》敬語《けいご》、謙譲語《けんじょうご》も正《ただ》しく使《つか》えるようになると、みんなから一目《いちもく》置《お》かれますよ。

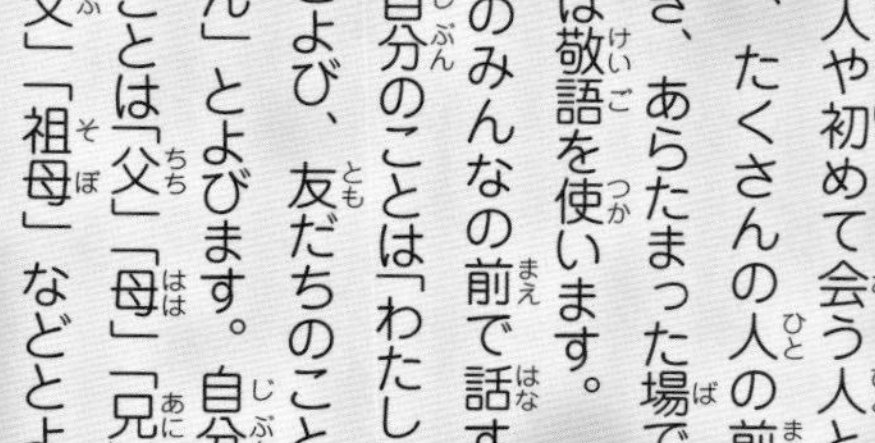

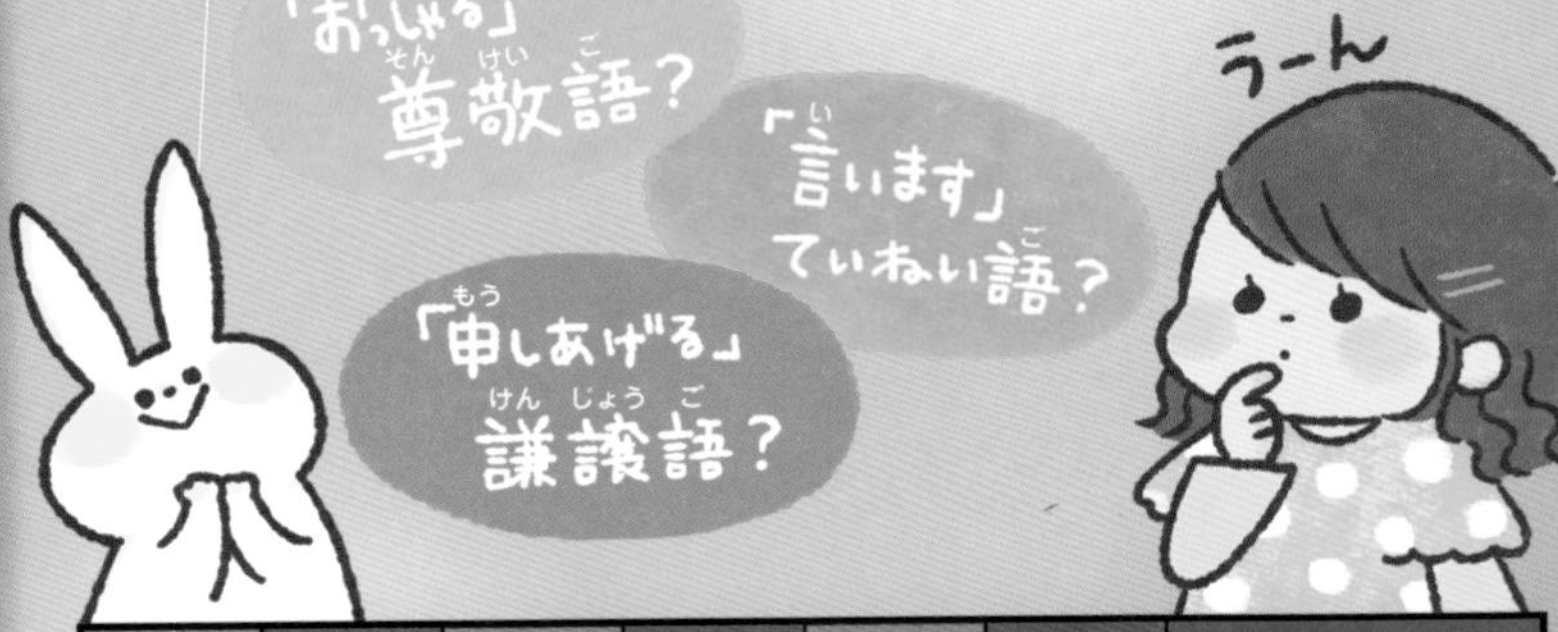
「おっしゃる」

尊敬語《そんけいご》？

「言《い》います」

ていねい語《ご》？

「申《もう》しあげる」

謙譲語《けんじょうご》？

ウーん

	ていねい語《ご》 ていねいに話《はな》すときに使《つか》う。	尊敬語《そんけいご》 相手《あいて》の行動《こうどう》をうやまう表現《ひょうげん》。相手《あいて》を立《た》てるときに使《つか》う。	謙譲語《けんじょうご》 自分《じぶん》や身内《みうち》の行動《こうどう》をへりくだって、相手《あいて》を立《た》てるときに使《つか》う。
する	します	なさる・される	させていただく いたす
言《い》う	言《い》います	おっしゃる・言《い》われる	申《もう》しあげる・申《もう》す
見《み》る	見《み》ます	ご覧《らん》になる・見《み》られる	拝見《はいけん》する
聞《き》く	聞《き》きます	お聞《き》きになる 聞《き》かれる	うかがう・お聞《き》きする
行《い》く	行《い》きます	いらっしゃる おいでになる	うかがう おうかがいする
思《おも》う	思《おも》います	お思《おも》いになる 思《おも》われる	存《ぞん》じあげる・存《ぞん》じる

場所《ばしょ》に合《あ》った マナーを覚《おぼ》えよう

公共《こうきょう》の場所《ばしょ》には、その場所《ばしょ》にふさわしいマナーや決《き》まったルールがあるから覚《おぼ》えてね！

お出《で》かけ先《さき》でのマナー

みんなで使《つか》う場所《ばしょ》、だれでも行《い》ける場所《ばしょ》を「公共《こうきょう》の場所《ばしょ》」といいます。

出《で》かけた先《さき》では、そこが「どのような目的《もくてき》の場所《ばしょ》なのか」「どのような人《ひと》が多《おお》く来《く》る場所《ばしょ》なのか」をよく考《かんが》えて行動《こうどう》することが大切《たいせつ》です。

お店《みせ》でのマナー

お店《みせ》は、買《か》いものをするための場所《ばしょ》です。来《き》ている人《ひと》が気《き》もちよく買《か》いものができるようにしましょう。また、店員《てんいん》さんと話《はなし》をするときは、敬語《けいご》を使《つか》いましょう。

食料品店《しょくりょうひんてん》では、むやみに商品《しょうひん》をさわらないようにしましょう（→31ページ）。

本屋《ほんや》さんでは、かさについた雨《あめ》のしずくが、本《ほん》や雑誌《ざっし》などにつかないように、とくに気《き》をつけます。たなに積《つ》んである本《ほん》や雑誌《ざっし》の上《うえ》に荷物《にもつ》を置《お》くのは、ほかの人《ひと》のめいわくになるのでやめましょう。

服屋《ふくや》さんで、試着《しちゃく》をしたいときは、店員《てんいん》さんに声《こえ》をかけます。試着《しちゃく》をするときは、売《う》りものの服《ふく》に、汗《あせ》などのよごれがつかないように気《き》をつけて。フェイスカバーが用意《ようい》されているときは、フェイスカバーの使《つか》い方《かた》を店員《てんいん》さんに聞《き》いてくださいね。

移《い》動《どう》中《ちゅう》のマナー

電車《でんしゃ》やバスなどを利用《りよう》するときは、静《しず》かにすごしましょう。

お年《とし》寄《よ》りや身体《からだ》が不自由《ふじゆう》な人《ひと》、妊婦《にんぷ》さんや赤《あか》ちゃんを連《つ》れた人《ひと》、具合《ぐあい》の悪《わる》そうな人《ひと》を見《み》かけたときは、すすんで席《せき》をゆずりましょう（→28〜29ページ）。

また、大《おお》きな荷物《にもつ》を持《も》っているときは、まわりにいる人《ひと》のめいわくにならないように気《き》をくばりましょう。とくに、大《おお》きなリュックサックやかばんを背《せ》負《お》ったまま電車《でんしゃ》やバスに乗《の》ると、後《うし》ろにいる人《ひと》にぶつかってしまいます。電車《でんしゃ》やバスに乗《の》るときは、リュックサックは前《まえ》にかかえたり、手《て》に持《も》ったりするようにしましょう。

病院《びょういん》や図書館《としょかん》では静《しず》かに

病院《びょういん》や図書館《としょかん》で大《おお》きな声《こえ》を出《だ》したり、さわいだりすると、まわりの人《ひと》のめいわくになります。おしゃべりをひかえて、できるかぎり静《しず》かにすごすのが、病院《びょういん》や図書館《としょかん》での基本《きほん》マナーです（→30ページ）。

電車《でんしゃ》・バスに乗《の》るとき

電車《でんしゃ》やバスを待《ま》つときは、列《れつ》に順番《じゅんばん》にならび、車内《しゃない》では静《しず》かにすごしましょう。

車内《しゃない》での通話《つうわ》はダメ!!
ブルル
どうぞすわってください
ありがとうね
リュックは前《まえ》に持《も》とう

電車《でんしゃ》に乗《の》るときは、おりる人《ひと》が外《そと》に出《で》るのを待《ま》ってから中《なか》に入《はい》るのがマナーです。かけこみ乗車《じょうしゃ》はとてもきけんなので、ぜったいにやめましょう。

電車《でんしゃ》やバスの中《なか》では、静《しず》かにすごします。飲食《いんしょく》をするのはやめましょう。立《た》っているときは手《て》すりにつかまり、すわるときは、ひとりでも多《おお》くの人《ひと》がこしかけられるように席《せき》をつめます。お年《とし》よりや身体《からだ》が不自由《ふじゆう》な人《ひと》、妊婦《にんぷ》さんや赤《あか》ちゃんを連《つ》れた人《ひと》などを見《み》かけたときは、すすんで席《せき》をゆずりましょう。

おりる駅《えき》に到着《とうちゃく》したときに、出口付近《でぐちふきん》がこんでいたら「おります」とまわりの人《ひと》に伝《つた》えてからおりましょう。ぬれたかさは、かさぶくろに入《い》れる、リュックは前《まえ》に持《も》つなど、まわりの人《ひと》への思《おも》いやりもわすれずに。

優先席《ゆうせんせき》って？

優先席《ゆうせんせき》は、どんな人《ひと》が必要《ひつよう》としている席《せき》なのか、おぼえておくといいですね。

こちらにすわってください
ありがとう〜

優先席《ゆうせんせき》とは、お年《とし》より・身体《からだ》が不自由《ふじゆう》な人《ひと》・具合《ぐあい》の悪《わる》い人《ひと》・妊娠中《にんしんちゅう》の人《ひと》・乳幼児《にゅうようじ》を連《つ》れた人《ひと》などに優先的《ゆうせんてき》にすわってもらうために、もうけられている電車《でんしゃ》やバスの座席《ざせき》のことです。

優先席《ゆうせんせき》の窓《まど》などには、表示《ひょうじ》ステッカーがはられています。優先席《ゆうせんせき》を必要《ひつよう》とする人《ひと》を見《み》かけたら、声《こえ》をかけて席《せき》にすわる。

マタニティマークとは、妊娠中《にんしんちゅう》の人《ひと》や出産前後《しゅっさんぜんご》の人《ひと》が電車《でんしゃ》やバスといった交通《こうつう》機関等《きかんなど》を利用《りよう》するときに身《み》につけるもので、赤《あか》ちゃんとお母《かあ》さんの絵柄《えがら》が目印《めじるし》になっています。電車《でんしゃ》やバスの中《なか》で、このマークのついたキーホルダーなどを身《み》につけている人《ひと》がいたら、席《せき》をゆずりましょう。

おなかに赤ちゃんがいます

マタニティマーク

病院《びょういん》・図書館《としょかん》では

病院《びょういん》や図書館《としょかん》など、公共《こうきょう》の場所《ばしょ》の中《なか》には、
静《しず》かにすごさなければならないところがあります。

病院《びょういん》は、身体《からだ》の具合《ぐあい》が悪《わる》い人《ひと》がやって来《く》る場所《ばしょ》です。大《おお》きな声《こえ》で話《はな》したり、歩《ある》きまわったりすると、ほかの患者《かんじゃ》さんのめいわくになります。病院《びょういん》の待合室《まちあいしつ》では、静《しず》かに順番《じゅんばん》を待《ま》ちましょう。

自分《じぶん》が予防接種《よぼうせっしゅ》などで来《き》ているときは、つらそうにしている人《ひと》を見《み》かけたら、席《せき》をゆずるといいですね。

図書館《としょかん》は、本《ほん》を読《よ》んだり、調《しら》べものをする場所《ばしょ》です。読書《どくしょ》や作業《さぎょう》に集中《しゅうちゅう》したい人《ひと》が集《あつ》まっているところなので、図書館《としょかん》の中《なか》では、おしゃべりをひかえて、静《しず》かにすごしましょう。

映画館《えいがかん》や美術館《びじゅつかん》なども、静《しず》かに映画《えいが》や絵《え》を楽《たの》しむところということを忘《わす》れないで。公共《こうきょう》の場所《ばしょ》では、そこがなにをするための場所《ばしょ》なのか考《かんが》えて、みんなが気《き》もちよくすごせるように心《こころ》がけましょう。

買《か》いものをするとき

お店《みせ》の中《なか》ではさわいだりせず、みんなが気《き》もちよく
買《か》いものできるように心《こころ》がけましょう。

買《か》う前《まえ》の商品《しょうひん》はお店《みせ》のものです。よごしたり、こわしたりしないように。特《とく》に、フルーツや野菜《やさい》、魚《さかな》などの食品《しょくひん》はデリケートなものが多《おお》く、強《つよ》くさわっただけで傷《いた》んでしまうものもあります。さわるときには気《き》をつけましょう。

たとえ後《あと》で買《か》うつもりでも、お店《みせ》のものは、レジでお金《かね》をはらうまでは、自分《じぶん》のものではないことを忘《わす》れずに。

カートを押《お》すときは、人《ひと》やたなにぶつからないようにゆっくりと押《お》し、小《ちい》さい子《こ》にも気《き》をつけましょう。

また、試食《ししょく》コーナーにあるものを食《た》べてみたいときは、お家《うち》の人《ひと》に確認《かくにん》してから試食《ししょく》します。

会計《かいけい》が終《お》わったら、ふくろ詰《づ》めをしたり、荷物《にもつ》を半分《はんぶん》持《も》ったりと、お家《うち》の人《ひと》の手伝《てつだ》いをするといいですね。

キラキラしぐさ

えしゃくとおじぎ

ちょっとしたえしゃくやおじぎで、相手《あいて》にたくさんの思《おも》いを伝《つた》えることができます。

おじぎには「えしゃく（会釈《えしゃく》15度《ど》）・けいれい（敬礼《けいれい》30度《ど》）・さいけいれい（最敬礼《さいけいれい》45度《ど》）」と、3つの種類《しゅるい》があります。深《ふか》く頭《あたま》を下《さ》げるほど、ていねいなおじぎです。

えしゃくは、顔見知《かおみし》りの人《ひと》などとすれちがうときや、人《ひと》の前《まえ》を通《とお》るときにする、軽《かる》いおじぎです。頭《あたま》を軽《かる》く下《さ》げ、相手《あいて》の目《め》を見《み》たままでかまいません。そのとき、ニコッとすると感《かん》じがよいですね。

えしゃくをすることで、ことばをかけなくても、「あなたに気《き》づいています、気《き》をくばっています」という好意的《こういてき》な気《き》もちを伝《つた》えることができます。

あいさつするときのおじぎは、頭《あたま》と上半身《じょうはんしん》を30度《ど》ほど下《さ》げて、相手《あいて》に頭《あたま》を見《み》せます。このとき、頭《あたま》を下《さ》げているあいだは、相手《あいて》の目《め》を見《み》ないようにしましょう。

すれちがうときは歩《ある》きながらではなく、一度《いちど》立《た》ち止《ど》まっておじぎをすると、ていねいです。

あやまるときや、あらたまって自己紹介《じこしょうかい》するときなどにする、一番《いちばん》ていねいなおじぎは上半身《じょうはんしん》を45度《ど》くらい下《さ》げます。両手《りょうて》は体《からだ》の横《よこ》につけて、ゆっくりと動《うご》くようにしましょう。たたみの上《うえ》などにすわってするおじぎもあります。

すわっておじぎをするときは、正座《せいざ》をして両手《りょうて》をひざの前《まえ》にそろえてつき、上半身《じょうはんしん》をゆっくりと前《まえ》にかたむけます。世界《せかい》には、あく手《しゅ》をしたり、ハイタッチをしたり、いろいろなあいさつの形《かたち》がありますが、おじぎやえしゃくは、「あなたを尊重《そんちょう》しています」ということを相手《あいて》に伝《つた》える、日本《にほん》のすてきな文化《ぶんか》です。

心《こころ》のこもったおじぎは、見《み》た目《め》にもきれいなもの。軽《かる》いあいさつのときはえしゃくを、きちんとあいさつするときは、ていねいなおじぎができれば、すてきな女《おんな》の子《こ》まちがいなしですね。

相手《あいて》に合《あ》わせたマナー

「ありがためいわく」にならないように、相手《あいて》の気《き》もちを考《かんが》えてみることが、マナーの第一歩《だいいっぽ》！

相手《あいて》に合《あ》わせた話《はな》し方《かた》

年上《としうえ》の人《ひと》、お店《みせ》の人《ひと》、初《はじ》めて会《あ》う人《ひと》には、敬語《けいご》を使《つか》って話《はな》します。「ていねい語《ご》」「尊敬語《そんけいご》」「謙《けん》譲語《じょうご》」といった敬語《けいご》のちがいについても、覚《おぼ》えておきましょう（→24～25ページ）。

敬語《けいご》はていねいですてきなことばですが、親《した》しい人《ひと》に敬語《けいご》を使《つか》いすぎると、心《こころ》の距離《きょり》を感《かん》じて、不自然《ふしぜん》だと受《う》けとられることもあります。とくに、友《とも》だちに対《たい》してとつぜんていねいすぎる敬語《けいご》を使《つか》うと、「どうしたのかな？」「おこっているのかな？」と、相手《あいて》を心配《しんぱい》させてしまうかもしれません。年下《としした》の子《こ》と話《はな》すときも、親《した》しみやすい話《はな》し方《かた》をするのがよいでしょう。

こまっている人《ひと》を見《み》かけたら

こまっている人《ひと》を見《み》かけた場《ば》合《あい》は、できることがあれば、お手伝《てつだ》いをしましょう。もし自分《じぶん》だけで手伝《てつだ》うのがむずかしそうだなと感《かん》じたら、まわりの人《ひと》に助《たす》けを求《もと》めましょう。「こまっている人《ひと》がいるので手《て》を貸《か》してもらえませんか？」と声《こえ》をかけるといいですよ（→37、39ページ）。

たとえば、電車《でんしゃ》やバスに乗《の》っているときに、ベビーカーの乗《の》り降《お》りなどでこまっている人《ひと》を見《み》かけたら、声《こえ》をかけて、むりのないお手伝《てつだ》いをしてみましょう。ベビーカーを押《お》したり、赤《あか》ちゃんをだっこしたりするのはあぶないので、やめておいて。

大《おお》きな荷物《にもつ》があれば持《も》ってあげたり、エレベーターのボタンを代《か》わりに押《お》してあげたりするといいですね。

思《おも》いやりの気《き》もちがマナーにつながる

電車《でんしゃ》の中《なか》で、大《おお》きな声《こえ》で泣《な》いている赤《あか》ちゃんがいたら、あなたはどう思《おも》いますか？　つかれていて眠《ねむ》いときは、「うるさいな」と思《おも》ってしまうこともあるかもしれませんね。

そんなときは、「赤《あか》ちゃんはどうして泣《な》いているのかな？」「だっこしてるお父《とう》さんお母《かあ》さんは、どんな気《き》もちかな？」と、想《そう》像《ぞう》してみましょう。「赤《あか》ちゃんも、わたしと同《おな》じで眠《ねむ》いのかな」と思《おも》ったら、やさしい気《き》もちになれるかもしれませんね。

こまっている人《ひと》を見《み》かけたら、まずは、その人《ひと》はどんな気《き》もちかな、まわりの人《ひと》にどうしてほしいかな、と想像《そうぞう》してみましょう。相手《あいて》の気《き》もちを想像《そうぞう》して、自分《じぶん》にできることを考《かんが》えることが、マナーにつながります。

すわっていいところ？

ベンチやいすのないところで、しゃがみこむのは、みんなのじゃまになり、マナーいはんです。

歩《ある》きつかれたときには、すわりこんでしまいたくなることもありますね。けれども、ベンチやいすのないところで、しゃがみこむのはマナーいはん。特《とく》に、道《みち》やお店《みせ》の前《まえ》は、たくさんの人《ひと》が通《とお》るところです。すわりこむと、通行人《つうこうにん》やお店《みせ》の人《ひと》のめいわくになってしまいますよ。

電車《でんしゃ》やバスの中《なか》でも、席《せき》にすわれなかったからといって、ゆかにすわりこむのはNG《エヌジー》。ほかの人《ひと》の乗《の》りおりのさまたげになってしまうだけでなく、とてもきけんです。また、学校《がっこう》や図書館《としょかん》でも、ゆかやろうかにすわりこむと、ほかの人《ひと》の通《つう》行《こう》のじゃまになってしまいますね。

ゆかやろうかは清潔《せいけつ》なところとは言《い》えず、衛生面《えいせいめん》でも心配《しんぱい》です。お家《うち》の外《そと》では、かならずベンチやいすのあるところにすわりましょう。

小《ちい》さい子《こ》・こまっている人《ひと》

まわりの人《ひと》のことを考《かんが》えて行動《こうどう》できる、思《おも》いやりのある人《ひと》を目《め》ざしましょう。

年下《としした》の子《こ》には、かんたんなことばでやさしくお話《はな》ししてあげましょう。背《せ》たけが大《おお》きくちがう場合《ばあい》は、かがんで、目《め》線《せん》を合《あ》わせて話《はな》すのがよいでしょう。そうすることで、小《ちい》さい子《こ》も安心《あんしん》できます。

なにかができなくてこまっている子《こ》を見《み》かけたら手伝《てつだ》ってあげ、知《し》らないことは、わかりやすく教《おし》えてあげましょう。年下《としした》の子《こ》にとって、あなたがよいお手本《てほん》になれるといいですね。

また、重《おも》い荷物《にもつ》が運《はこ》べずにこまっている人《ひと》、具合《ぐあい》の悪《わる》そうな人《ひと》などを見《み》つけたときは、「手伝《てつだ》いましょうか?」「おこまりですか?」と声《こえ》をかけて、おとなの人《ひと》に知《し》らせるなど、自分《じぶん》のできるはんいで手《て》伝《つだ》いましょう。

自分《じぶん》のこと以外《いがい》にも気《き》がつける「心《こころ》のよゆう」を持《も》った人《ひと》になりたいですね。

年上《としうえ》の人《ひと》・お店《みせ》の人《ひと》

年上《としうえ》の人《ひと》やお店《みせ》の人《ひと》とは、敬語《けいご》を使《つか》って ていねいにお話《はな》しするのがマナーです。

敬語《けいご》を使《つか》うことで、相手《あいて》への敬意《けいい》をあらわすことができます。基本的《きほんてき》に、先生《せんせい》をはじめとするおとなの人《ひと》には敬語《けいご》を使《つか》って話《はな》しましょう。話《はなし》を聞《き》いているあいだは、相手《あいて》の目《め》を見《み》ます。うなずいたり「はい」とあいづちをうつのもいいでしょう。

お年《とし》よりとは、相手《あいて》が聞《き》き取《と》りやすい、少《すこ》し大《おお》きめの声《こえ》でゆっくり、ハッキリとお話《はな》しするのがよいでしょう。

スーパーやデパート、レストランなどのお店《みせ》の人《ひと》とも、敬語《けいご》で話《はな》します。なにかを注文《ちゅうもん》するときは「お願《ねが》いします」、なにかをしてもらったときは「ありがとうございます」の一言《ひとこと》をそえましょうね。

サービスをする人《ひと》もサービスをしてもらう人《ひと》も、相手《あいて》への気《き》づかいをわすれないようにしましょう。

目《め》や耳《みみ》が不自由《ふじゆう》な人《ひと》

目《め》が不自由《ふじゆう》な人《ひと》にとって、白《しろ》いつえは道《みち》しるべ。命《いのち》を守《まも》る大切《たいせつ》な道具《どうぐ》です。

白《しろ》いつえを持《も》っている人《ひと》や盲導犬《もうどうけん》を連《つ》れている人《ひと》は、視覚《しかく》に障《しょう》がいを持《も》っています。つえにはぶつからないように気《き》をつけましょう。こまっているのを見《み》かけたときは、「お手伝《てつだ》いしましょうか？」と声《こえ》をかけ、できることがあればお手伝《てつだ》いしましょう。また、ハーネスをつけた盲《もう》導犬《どうけん》は、仕事中《しごとちゅう》です。かわいいからといって、さわったり声《こえ》をかけたりしないように。食《た》べものもあげないでくださいね。

聴覚《ちょうかく》に障《しょう》がいがある人《ひと》は、聞《き》こえない・聞《き》こえにくいといった耳《みみ》の不自由《ふじゆう》さがあります。耳《みみ》の不自由《ふじゆう》さは、外《そと》からはわかりにくいですが、「耳《みみ》マークカード」や「ヘルプカード」を見《み》せて助《たす》けを求《もと》めている人《ひと》を見《み》かけたときは、カードに書《か》かれている内容《ないよう》に合《あ》わせて手伝《てつだ》いましょう。

耳《みみ》マーク

公共《こうきょう》の場《ば》の ルール・マナー Q&A

公共《こうきょう》の場《ば》でのルールは、場所《ばしょ》によっていろいろ。どんなものがあるか覚《おぼ》えておこう。

Q エレベーターがこんでいて、おりる階《かい》のボタンが押《お》せないときは？

A ボタンの前《まえ》にいる人《ひと》に「○階《かい》をお願《ねが》いします」とお願《ねが》いしよう。

エレベーターに乗《の》るときも、電車《でんしゃ》と同《おな》じように、ドアの前《まえ》を開《あ》けて、おりる人《ひと》を先《さき》に通《とお》してから乗《の》るようにします。

エレベーターがこんでいるときは、たくさんの人《ひと》が乗《の》れるように、おくにつめます。自分《じぶん》がおりる階《かい》のボタンを押《お》せなかった場合《ばあい》は、ムリに手《て》をのばさずにボタンの前《まえ》にいる人《ひと》に「○階《かい》をお願《ねが》いします」とたのみましょう。

あなたがボタンの前《まえ》にいるとき、ベビーカーを押《お》している人《ひと》、車《くるま》いすの人《ひと》、松葉《まつば》づえをついている人《ひと》などがおりるときは、「開《ひらく》」のボタンを押《お》しておりるまでドアを開《あ》けておいてあげましょう。

Q 自転車《じてんしゃ》で、急《いそ》いで歩道《ほどう》を走《はし》っていたら歩《ある》いている人《ひと》に注意《ちゅうい》された！

A 歩行者《ほこうしゃ》がいるときは歩行者優先《ほこうしゃゆうせん》を心《こころ》がけて。

その人《ひと》は、あなたの自転車《じてんしゃ》の乗《の》り方《かた》があぶないと思《おも》ったのかもしれませんね。

13さい未満《みまん》であれば、自転車《じてんしゃ》で歩道《ほどう》を走《はし》ってもOK《オーケー》ですが、歩道《ほどう》を走《はし》るときは、歩《ある》く人《ひと》のじゃまにならないようによく気《き》をつけて、歩《ある》いている人《ひと》がいるときは、一度《いちど》とまったり、自転車《じてんしゃ》からおりたりして、ムリに追《お》いこさないように。ベルをならすのもやめましょう。

もし、自転車《じてんしゃ》をだれかにぶつけてケガをさせたり、車《くるま》にぶつけて傷《きず》をつけたりしてしまったら、すぐにお家《うち》の人《ひと》に連絡《れんらく》しましょう。

Q 知《し》らない人《ひと》に、声《こえ》をかけられて道《みち》を聞《き》かれたら？

A 「わかりません」と答《こた》えてすぐにその場《ば》を立《た》ち去《さ》りましょう。

悲《かな》しいことですが、おとなの中《なか》にはわるいことをしようと子《こ》どもに近《ちか》づく人《ひと》もいます。

ひとりで外《そと》を歩《ある》いているときに、知《し》らない人《ひと》に道《みち》を聞《き》かれたり、名前《なまえ》や持《も》ちものなどのことを聞《き》かれたりしたら、「わかりません」「おとなの人《ひと》に聞《き》いてください」と答《こた》えましょう。そのとき、相手《あいて》が手《て》をのばしてとどくほど近《ちか》くに立《た》たないように、気《き》をつけて。相手《あいて》が車《くるま》の中《なか》から声《こえ》をかけてきたときは、ぜったいに車《くるま》に近《ちか》づかないで。

ひとりで歩《ある》くときは、防犯《ぼうはん》ブザーをすぐに使《つか》えるところに持《も》っておきましょう。

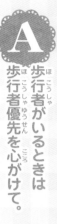

公共《こうきょう》の場《ば》のルール&マナー チェックリスト

- □ 外《そと》を歩《ある》くときは、車《くるま》に気《き》をつけて歩《ある》き、信号無視《しんごうむし》をしない。
- □ 自転車《じてんしゃ》に乗《の》るときは、ヘルメットをかぶり、夜間《やかん》はライトをつける。
- □ かさをさしながら自転車《じてんしゃ》に乗《の》らない。
- □ 歩《ある》くときや自転車《じてんしゃ》に乗《の》るときは、本《ほん》やスマホを見《み》ない。
- □ 外《そと》で出《で》たごみは持《も》ち帰《かえ》り、公園《こうえん》や道《みち》をきれいに使《つか》う。
- □ 電車《でんしゃ》やバスに乗《の》るときは、かけこみ乗車《じょうしゃ》をせず、静《しず》かに乗《の》る。

どれくらいできているかな？
できているものにチェックしてみよう！

□ 優先席《ゆうせんせき》を必要《ひつよう》としている人《ひと》がいるときは、席《せき》をゆずる。

□ 病院《びょういん》や図書館《としょかん》では、さわいだり走《はし》ったりせず、静《しず》かにすごす。

□ 買《か》いものをするときは、お家《うち》の人《ひと》の手伝《てつだ》いをする。

□ 外《そと》では、道《みち》や電車《でんしゃ》の床《ゆか》にすわらず、ベンチやいすにすわる。

□ こまっている人《ひと》を見《み》かけたら、「どうしましたか?」と声《こえ》をかける。

□ 年上《としうえ》の人《ひと》やお店《みせ》の人《ひと》には、敬語《けいご》を使《つか》ってていねいに話《はな》す。

□ 目《め》や耳《みみ》が不自由《ふじゆう》な人《ひと》がこまっていたら、「お手伝《てつだ》いしましょうか?」と声《こえ》をかける。

キラかわクイズにチャレンジ！

めざせ♥ピカピカおはだ

クイズ

ピカピカのきれいなはだでいるためには、どうすればいいかな？ 下《した》の文《ぶん》が正《ただ》しいかどうか、○か×で答《こた》えてね。

① 顔《かお》を洗《あら》うときは、よごれがよく落《お》ちるようにゴシゴシこする。

② たくさんねむると、はだが元気《げんき》になる。

③ 日《ひ》やけのしすぎは、はだによくない。

④ 野菜《やさい》ばかり食《た》べれば、はだがきれいになる。

⑤ はだがカサカサしているときは、おふろに入《はい》っちゃだめ。

❶ ❷ ❸ ❹ ❺

答《こた》え

❶ × ゴシゴシこするとはだをいためてしまうので、たっぷりのあわで顔《かお》をつつみこむようにやさしく洗《あら》ってね。すすぎもしっかりしよう。

❷ ○ 元気《げんき》なはだをつくるために、よくねることは、とても大切《たいせつ》。夜《よる》はおそくても10時《じ》までには、ねるようにしよう。

❸ ○ 日《ひ》やけは、はだが軽《かる》いやけどになっているようなもの。日《ひ》ざしの強《つよ》い日《ひ》は、ぼうしをかぶったり日《ひ》やけ止《ど》めなどをつかってね。

❹ × 元気《げんき》なはだをつくるためには、野菜《やさい》にふくまれるビタミンだけじゃなくお肉《にく》や卵《たまご》にふくまれるたんぱく質《しつ》なども必要《ひつよう》。バランスよく食《た》べよう。

❺ × よごれはきちんと落《お》としたほうが、はだのためにいいよ。熱《あつ》いお湯《ゆ》ははだのうるおいまで流《なが》してしまうので、熱《あつ》すぎないお湯《ゆ》でやさしく洗《あら》ってね。

パート2

家《いえ》の中《なか》にもルールは必要《ひつよう》？

家族《かぞく》なのにルールっているの？

もう、ひどすぎるっ
何《なん》なの全《まった》く!!
本当《ほんとう》に、いじわるすぎるよねっ!
あんなこと気《き》にしちゃだめだよ
これつかって
ありがとう
はあ
お帰《かえ》りなさい

こらメイ、
手洗《てあら》い
うがいは？
それに
ただいまって
言《い》った？
あいさつは
どんなとき
でもしない
と…
あと宿題《しゅくだい》も
ちゃんとしないと…
もーっ
おかあさん
うるさい！
わかってるよ!!

話《はな》しかけないでっ
プイッ
メイ!!
バタン
バタバタバタ
はあ……

も～、おかあさんってなんなの？　毎日《まいにち》帰《かえ》るたびにあれやこれやうるさいよ
ブッ
ブッ
学校《がっこう》でなにかあったのかしら…おやつのときに聞《き》いてみるか…
メイー、だいじょうぶ？おやつ食《た》べない？
さっきは立《た》て続《つづ》けにいろいろ言《い》っちゃってごめん
学校《がっ》《こう》でなにかあったんでしょ。よかったら話《はな》してよ
別《べつ》に
男子《だんし》にいじめられたなんて言《い》えるわけないよ

おかあさんには関係《かんけい》ないし
もう赤《あか》ちゃんじゃないんだからほっといてよ
フンッ
夕飯《ゆうはん》はちゃんと食《た》べにくるのよ
イラッ
そして夜《よる》——
フンッ
ママ…お姉《ねえ》ちゃん…
メイ、いいかげんにして！いただきますも言《い》わないで
もう、いらないっ、ごちそうさまっ
メイ！
家族《かぞく》なのにマナーとか気《き》にしなきゃいけないなんて
メイちゃん、親《した》しき仲《なか》にも礼儀《れいぎ》ありだよ
えー面倒《めんどう》くさい…
でもさっきは悪《わる》かったかな…

声《こえ》に出《だ》さないと伝《つた》わらない

思《おも》っているだけでは相手《あいて》に伝《つた》わらないかも。
大事《だいじ》なことはきちんとことばにして伝《つた》えよう。

家族《かぞく》のあいだの「ほう・れん・そう」を大切《たいせつ》に

「報告《ほうこく》・連絡《れんらく》・相談《そうだん》」のことを、頭《あたま》の文字《もじ》をとって「ほう・れん・そう」と言《い》うことがあります。スムーズに仕事《しごと》を進《すす》めるためには、こまめに報告《ほうこく》、連絡《れんらく》、相談《そうだん》をすることが大切《たいせつ》という意味《いみ》で、はたらく人《ひと》のマナーとしてよく知《し》られていることばです。

会社《かいしゃ》だけでなく、学校《がっこう》も、家《か》族《ぞく》も、みんなで協力《きょうりょく》してすごすひとつのチーム。こまめにコミュニケーションをとることが、チーム内《ない》では必要《ひつよう》ですね。家族《かぞく》のあいだでも「ほう・れん・そう」を習慣《しゅうかん》にしてみましょう。

お家《うち》の人《ひと》といっしょに確認《かくにん》しよう！

お家《うち》の人《ひと》に、学校《がっこう》からの連絡《れんらく》を伝《つた》えたり、一日《いちにち》のできごとを話《はな》したりする時間《じかん》を、毎日《まいにち》決《き》めておくといいですね。

連絡帳《れんらくちょう》やプリントは、だまってお家《うち》の人《ひと》にわたすだけじゃなく、いっしょに見《み》ながら持《も》ちものや時間割《じかんわり》、行事《ぎょうじ》などを確認《かくにん》するといいでしょう。わすれものの防止《ぼうし》になり、学校《がっこう》のようすをお家《うち》の人《ひと》に伝《つた》えることもできます。また、もしなにか心配《しんぱい》なことがあれば、話《はな》しておけるので

安心《あんしん》です。

つらい気《き》もちをひとりでかかえこむと、大《おお》きなストレスになり、ときには体調《たいちょう》をくずしてしまうこともあります。なやんでいることがあったり、こまったことがおきたりしたときは、お家《うち》の人《ひと》に話《はなし》をしてみましょう。

ことばにすることの大切《たいせつ》さ

家族《かぞく》は、いっしょにいる時間《じかん》が長《なが》いので、ことばにしなくてもわかってくれるだろうという「あまえ」が出《で》やすい関係《かんけい》でもあります。また、お家《うち》の人《ひと》は、あなたがなにも言《い》わなくてもあれこれと世話《せわ》をやいたり、先回《さきまわ》りしてやってくれることもあるでしょう。

でも、身近《みぢか》にいてくれるかけがえのない存在《そんざい》だからこそ、家族《かぞく》にもしっかりあいさつをしたり、気《き》もちをことばにして伝《つた》えることが大切《たいせつ》です。

あいさつや「ありがとう」「ごめんなさい」のことばをこまめに伝《つた》えましょう。言《い》われたお家《うち》の人《ひと》はきっとうれしい気《き》もちになります。

お家《うち》の中《なか》でのあいさつが習慣《しゅうかん》になっていると、友《とも》だちや先生《せんせい》、近所《きんじょ》の人《ひと》ともスムーズにあいさつすることができます（→54ページ）。

あいさつって大《たい》切《せつ》

あいさつは人《ひと》と人《ひと》をつなぐ大切《たいせつ》なことば。
自分《じぶん》からどんどんあいさつをすれば、気分《きぶん》もアップ！

家族《かぞく》、友《とも》だち、学校《がっこう》の先生《せんせい》、近所《きんじょ》の人《ひと》など、身近《みぢか》な人《ひと》に、自分《じぶん》からあいさつする習慣《しゅうかん》をつけましょう。人《ひと》からあいさつをしてもらったときは、かならずあいさつを返《かえ》します。えがおでハキハキとあいさつをすると、相手《あいて》も自分《じぶん》もとてもさわやかな気《き》もちになれますね。すれちがう相手《あいて》には、一度《いちど》立《た》ち止《ど》まってからあいさつすると、さらに印象《いんしょう》アップ！

あいさつを習慣《しゅうかん》にしていると、家族《かぞく》や友《とも》だちのちょっとした変化《へんか》にも気《き》がつきやすくなります。ちょっと元気《げんき》がなさそうだなと気《き》づいたら、「どうしたの？」と相手《あいて》に声《こえ》をかけてみるのもいいでしょう。

けんかをしてしまった友《とも》だちにも、思《おも》い切《き》って自分《じぶん》から「おはよう」とあいさつすれば、仲直《なかなお》りのきっかけがつかみやすくなります。

ありがとうとごめんなさい

「ありがとう」や「ごめんなさい」の気《き》もちは、
素直《すなお》にことばにして相手《あいて》に伝《つた》えましょう。

人《ひと》からなにかをしてもらったり、ものをもらったりしたときは、うれしい気《き》もち、ありがとうの気《き》もちをことばにして、相手《あいて》に伝《つた》えましょう。あなたが「ありがとう」と言《い》うことで、相手《あいて》もうれしい気《き》もちになります。

「ありがとう」と言《い》われたときは、「どういたしまして」と言《い》いましょう。

人《ひと》にめいわくをかけてしまったり、悪《わる》いことをしてしまったときは、おわびの気《き》もちをこめて、「ごめんなさい」と素《す》直《なお》に言《い》いましょう。わざとじゃなくても、まずはきちんとあやまることが大切《たいせつ》です。こまったときはおたがいさま。助《たす》けあうことができる関係《かんけい》はすてきですね。

家族《かぞく》や友《とも》だち、まわりにいる人《ひと》たちに、いつも感謝《かんしゃ》の気《き》もちや大好《だいす》きな思《おも》いを素《す》直《なお》に伝《つた》えられるといいですね。

キラキラことば

親《した》しき仲《なか》にも礼《れい》儀《ぎ》あり

あなたはお家《うち》の人《ひと》と話《はな》すとき、どんなことばづかいをしているでしょうか。

お家《うち》の人《ひと》と話《はな》すとき、どんなことばづかいをしていますか？　お父《とう》さんやお母《かあ》さんに、ついらんぼうな言《い》い方《かた》をしてしまったり、つかれているからといってぶっきらぼうになったりしていませんか？

お家《うち》の人《ひと》にあまえたり、素《す》直《なお》に言《い》いたいことを言《い》うのはよいことです。でも、自《じ》分《ぶん》の気《き》分《ぶん》を優《ゆう》先《せん》してばかりで、自《じ》分《ぶん》かってなたいどをとっていると、お家《うち》の人《ひと》は悲《かな》しい気《き》もちになってしまうかもしれません。

「親《した》しき仲《なか》にも礼《れい》儀《ぎ》あり」とは、「どんなに仲《なか》がよくても、礼《れい》儀《ぎ》を忘《わす》れていると仲《なか》が悪《わる》くなってしまうので、親《した》しい間《あいだ》がらでも最《さい》低《てい》限《げん》の礼《れい》儀《ぎ》だけは守《まも》らなければならない」という意《い》味《み》のことわざです。

お家《うち》の人《ひと》にも、あいさつや返《へん》事《じ》をきちんとする、「ありがとう」を伝《つた》える、言《い》われていや

になることは言《い》わない、など、
きちんとマナーを守《まも》ってせっし
ましょう。
食事《しょくじ》のときに「いただきま
す」や「ごちそうさま」をきちん
と言《い》うだけでも、食事《しょくじ》を作《つく》って
くれたことに感謝《かんしゃ》する気《き》もち

は伝《つた》わります。
食事《しょくじ》の後《あと》かたづけや、洗《せん》た
くものをたたむなど、進《すす》んでお
手伝《てつだ》いをするのもいいですね。
自分《じぶん》でやってみると、その大変《たいへん》
さがわかりますし、お手伝《てつだ》い
をした後《あと》に言《い》われる「ありがと
う」のひと言《こと》が、とてもうれし
いことに気《き》がつくでしょう。
もし、お家《うち》の人《ひと》にひどいこ
とを言《い》ってしまったなと思《おも》った
ら、後《あと》からでもかまわないの
で、「さっきは、ごめんね」とあ
やまって。あやまって仲直《なかなお》りす
れば、スッキリした気《き》もちにな
れますが、なにも言《い》わないま
まだと、おたがいにイライラ、
モヤモヤしたままかも。ケンカ
をしても、家族《かぞく》となら、きっと
仲直《なかなお》りできます。
親《した》しき仲《なか》にも礼儀《れいぎ》ありは、
家族《かぞく》だけでなく、お友《とも》だちゃ
先生《せんせい》も同《おな》じですよ。

身《み》につけると一生役立《いっしょうやくだ》つ

お家《うち》の中《なか》、学校《がっこう》の中《なか》、ふだんの生活《せいかつ》の中《なか》でも、
ルールやマナーを見《み》られているかも？

くらしのルールとマナー

サッカーや野球《やきゅう》などのスポーツにはそれぞれのルールがあり、特別《とくべつ》な場所《ばしょ》には、その場所《ばしょ》で守《まも》らなくてはならないマナーがあります。ふだんの生活《せいかつ》の中《なか》にも、守《まも》らなければならないルールや、覚《おぼ》えておきたいマナーがたくさんあります。

場所《ばしょ》や状況《じょうきょう》、相手《あいて》によって、ルールやマナーは変化《へんか》するので、なれないうちはとまどったり、めんどうだと思《おも》ったりすることもあるかもしれません。けれども、くらしの中《なか》のこまごまとしたルールやマナーは、一度《いちど》身《み》につけておくと、おとなになっても役立《やくだ》つものばかりです。すてきな女《おんな》の人《ひと》になるために、少《すこ》しずつでも覚《おぼ》えていきましょう。

食事《しょくじ》のマナー

食事《しょくじ》は、おいしく味《あじ》わうことが一番《いちばん》のマナー。背《せ》すじを伸《の》ばして、しせいよく食《た》べましょう。食《た》べものを口《くち》に運《はこ》ぶときは、口元《くちもと》をお皿《さら》に近《ちか》づけるのではなく、おはしやフォークを口元《くちもと》に運《はこ》ぶのがポイント。

いっしょに食事《しょくじ》をする人《ひと》が不《ふ》ゆかいな気《き》もちにならないように気《き》を配《くば》ることが大切《たいせつ》です（→60ページ）。

食事《しょくじ》のマナーの基本《きほん》が身《み》につ
いたら、応用編《おうようへん》として、テーブ
ルマナーを覚《おぼ》えるのもオススメ
です。

なんでも「ていねいに」を心《こころ》がけよう

　片付《かたづ》け、食事《しょくじ》、歯《は》みがき、お
家《うち》の手伝《てつだ》いなど、毎日《まいにち》やるべき
ことを、てきとうにすませたり、
ものをらんぼうにあつかったり
していると、だんだんと生活《せいかつ》が
みだれてきて、気《き》もちまでソワ
ソワと落《お》ちつきがなくなってし
まいます。
　なんでもめんどうくさがら
ずにていねいにすることを心《こころ》が
けて、自分《じぶん》のものは大切《たいせつ》にあつ
かいましょう。とくに、洋服《ようふく》や
くつは、ぬぎっぱなしにしない
ように。大切《たいせつ》にあつかうことで、
服《ふく》もものも長持《ながも》ちします（↓62
ページ）。
　早《はや》ね早《はや》おきを身《み》につけて生活《せいかつ》
のリズムを整《ととの》えると、心《こころ》も体《からだ》も
元気《げんき》にすごすことができるよう
になります。ぜひ習慣《しゅうかん》にしまし
ょう（↓63ページ）。また、お家《うち》
で生《い》きものをかっていたり、植《しょく》
物《ぶつ》を育《そだ》てている場合《ばあい》は、「いの
ち」をそだてているという自覚《じかく》
と責任《せきにん》を持《も》って、家族《かぞく》みんなで
しっかりとお世話《せわ》をする必要《ひつよう》が
あります（↓64ページ）。

食事《しょくじ》のマナー

うつくしい食事《しょくじ》のマナーを身《み》につけておけば、どんな場所《ばしょ》に行《い》ってもきっと役《やく》に立《た》ちます。

わたしたちは、生《い》きるためのエネルギーを食《た》べものからもらっています。動《どう》物《ぶつ》や植物《しょくぶつ》といった生《い》きものの命《いのち》をもらって（いただいて）生《い》きています。命《いのち》をくれた生《い》きものへの感謝《かんしゃ》、料理《りょうり》を作《つく》ってくれた人《ひと》への感謝《かんしゃ》をこめて、食事《しょくじ》の前《まえ》には「いただきます」と言《い》いましょう。食事《しょくじ》のあとは、「ごちそうさまでした」とあいさつをしましょうね。

食事《しょくじ》は、食材《しょくざい》の色《いろ》や香《かお》りを感《かん》じながら、楽《たの》しみ味《あじ》わいたいもの。テレビやスマホを見《み》ながらの「ながら食《た》べ」はやめましょう。背筋《せすじ》を伸《の》ばして、しせいよく食《た》べるのがきれいに見《み》えるポイントです。

お皿《さら》の並《なら》べ方《かた》は、左側《ひだりがわ》にご飯《はん》、右側《みぎがわ》に汁物《しるもの》、おくにおかず、手前《てまえ》におはしを置《お》くのがルール。食事《しょくじ》の準備《じゅんび》や後片《あとかた》づけなど、すすんでお手伝《てつだ》いしましょう。

食事中《しょくじちゅう》にこれはNG《エヌジー》！

みんなが食事《しょくじ》のマナーをしっかり守《まも》れば、食事《しょくじ》の時間《じかん》がいっそう楽《たの》しくなりますね。

　食事中《しょくじちゅう》は、いっしょに食事《しょくじ》をする人《ひと》が不快《ふかい》な気《き》もちにならないようにすることが大切《たいせつ》です。まずそうな表情《ひょうじょう》をしたり、ひじをついて食《た》べると、まわりの人《ひと》がおどろいてしまうかも。

　食《た》べものをかんでいる間《あいだ》は口《くち》をしっかり閉《と》じて、音《おと》を出《だ》さないように気《き》をつけます。また、食器《しょっき》で大《おお》きな音《おと》を出《だ》さないように気《き》をつけましょう。

　食《た》べものをおはしで突《つ》き刺《さ》す「刺《さ》しばし」、おかずをかき回《まわ》して好《この》みの具《ぐ》を探《さが》す「探《さぐ》りばし」、食事《しょくじ》のとちゅうでおはしを食器《しょっき》の上《うえ》に置《お》く「渡《わた》しばし」、おはしについたものをなめる「ねぶりばし」……これらは「きらいばし」と呼《よ》ばれるマナーいはんのはしづかいなので、気《き》をつけて。74ページにも「きらいばし」のイラストがのっているので見《み》てみましょう。

出《だ》しっぱなしにしてない？

家《いえ》に帰《かえ》ったとき、ランドセルや上着《うわぎ》を放《ほう》り投《な》げて
そのまま、なんてことはないですか？

お家《うち》の人《ひと》が片付《かたづ》けてくれるからと、なんでもぬぎっぱなし、出《だ》しっぱなしでいるくせがつくと、おとなになったときにこまりますね。

家《いえ》に着《つ》いたら、ぬいだくつをそろえて、上着《うわぎ》はハンガーにかけます。着替《きが》えたりお風呂《ふろ》に入《はい》るときは、ぬいだ服《ふく》を洗《せん》たくカゴに入《い》れましょう。洋服《ようふく》は素材《そざい》によってお手入《てい》れの方法《ほうほう》がちがいます。洗《せん》たくのお手伝《てつだ》いをしたいときは、洗《あら》い方《かた》をお家《うち》の人《ひと》に教《おし》えてもらうといいですね。

また、使《つか》ったものは、決《き》められた場所《ばしょ》にもどす習慣《しゅうかん》をつけましょう。本《ほん》は本《ほん》だな、文房具《ぶんぼうぐ》は引《ひ》き出《だ》しやペンケース、小《こ》物《もの》は専用《せんよう》の箱《はこ》など、しまう場所《ばしょ》をあらかじめ決《き》めておくとよいでしょう。

学校《がっこう》でもらったプリント類《るい》は、すぐにお家《うち》の人《ひと》にわたしてください。

早《はや》ね早《はや》おきは必要《ひつよう》？

早《はや》ね早《はや》おきは、毎日元気《まいにちげんき》にすごすために、かならず身《み》につけておきたい習慣《しゅうかん》です。

早《はや》ね早《はや》おきのリズムがみだれると、頭《あたま》も身体《からだ》もうまく働《はたら》かなくなります。生活《せいかつ》リズムを整《ととの》えるには、起《お》きたらすぐカーテンを開《あ》けて太陽《たいよう》の光《ひかり》を浴《あ》びることが大切《たいせつ》。日光《にっこう》には「体内時計《たいないどけい》」を整《ととの》えるパワーがあるからです。目《め》が覚《さ》めてきたら、顔《かお》を洗《あら》ったり声《こえ》を出《だ》したりして、身体《からだ》を少《すこ》しずつ活動《かつどう》モードにしていきましょう。

昼間《ひるま》はできるだけ身体《からだ》を動《うご》かして活動《かつどう》的《てき》にすごし、夜《よる》は早《はや》い時間《じかん》に食事《しょくじ》とおふろをすませます。お布団《ふとん》に入《はい》る1時間前《じかんまえ》にはスマホやテレビ、パソコンを終《お》わらせて、眠《ねむ》る準備《じゅんび》を始《はじ》めましょう。

早《はや》ね早《はや》おきの習慣《しゅうかん》が身《み》につくと、気《き》もちが安定《あんてい》しておだやかになります。集中《しゅうちゅう》力《りょく》や気力《きりょく》、体力《たいりょく》もアップして、元気《げんき》にすごせるようになりますよ。

お世話《せわ》って大切《たいせつ》

あなたのお家《うち》やクラスでは、草花《くさばな》を育《そだ》てたり動物《どうぶつ》をかったりしていますか？

植物《しょくぶつ》や動物《どうぶつ》は、人間《にんげん》と同《おな》じ、命《いのち》があるものです。植物《しょくぶつ》を育《そだ》てたり、動物《どうぶつ》をかったりすることは、生《い》きものが寿命《じゅみょう》をむかえるまで、自分《じぶん》でお世話《せわ》をし、めんどうをみる責任《せきにん》が生《う》まれるということです。

特《とく》に動物《どうぶつ》の場合《ばあい》は、えさやり、水《みず》やり、トイレのそうじなど、毎日毎日《まいにちまいにち》、さまざまなお世話《せわ》が必要《ひつよう》です。「つかれたから今日《きょう》はや〜めた」というわけにはいきません。動物《どうぶつ》をかう前《まえ》には、その動物《どうぶつ》が寿命《じゅみょう》をまっとうするまでのあいだ、毎日《まいにち》しっかりお世話《せわ》をすることができるか、家族全員《かぞくぜんいん》でしっかり話《はな》し合《あ》いましょうね。

草花《くさばな》やペットを育《そだ》てはじめたら、毎日《まいにち》欠《か》かさずお世話《せわ》をしましょう。よく観察《かんさつ》して、元気《げんき》かどうかチェックすることが大切《たいせつ》です。たくさんかわいがれば、その気《き》もちは、きっと伝《つた》わっていますよ。

おこづかい、どうしてる？

あなたのおこづかいは、お家《うち》の人《ひと》がお仕事《しごと》をして手《て》に入《い》れた大切《たいせつ》なお金《かね》の一部《いちぶ》です。

なにかを買《か》う前《まえ》には、本当《ほんとう》に必要《ひつよう》なものか考《かんが》えるようにしましょう。ノートなど「必要《ひつよう》なもの」はお家《うち》の人《ひと》に買《か》ってもらい、マンガやアクセサリーなどの「欲《ほ》しいもの」はおこづかいで買《か》う、といったルールを決《き》めるといいですね。

お金《かね》の使《つか》いすぎを防止《ぼうし》するためには、おこづかい帳《ちょう》を作《つく》って、なににお金《かね》をつかったのかを記録《きろく》するのがおすすめです。

もし、毎月《まいつき》おこづかいをもらっているのであれば、貯金《ちょきん》をしてみましょう。たとえば、おこづかいを1か月《げつ》に500円《えん》もらっているとします。毎月《まいつき》500円《えん》のうち200円《えん》を使《つか》い、300円《えん》を貯金《ちょきん》したら、1年間《ねんかん》で3600円《えん》もためることができます。また、友《とも》だちとのお金《かね》の貸《か》し借《か》りや、おごったりおごってもらったりは、ぜったいにやめましょう。

キラキラしぐさ

たいどって、なに？

「たいどが悪《わる》い」とは、どういう意味《いみ》でしょうか。どんなことに気《き》をつければいいのでしょうか。

「たいど」は、なにかをするときの心《こころ》がまえが、表情《ひょうじょう》、しぐさ、体《からだ》の動《うご》きなどに表《あらわ》れたもののことです。たいどは、ときには、ことば以上《いじょう》に、相手《あいて》になにかを伝《つた》えることがあります。

「目《め》は口《くち》ほどにものを言《い》う」ということわざがありますが、目《め》の表情《ひょうじょう》ひとつで、話《はな》さなくても、相手《あいて》に自分《じぶん》の気《き》もちが伝《つた》わってしまうということですね。

口《くち》では「ごめんね」と言《い》っても、相手《あいて》をにらみつけていては、「ごめんね」の気《き》もちは伝《つた》わりません。

親《おや》にしかられているときに、ふざけた顔《かお》をしていたら、「まじめに聞《き》きなさい」と、もっとおこられてしまうでしょう。

言《い》っていることと表情《ひょうじょう》や行《こう》動《どう》がバラバラだと、まわりの人《ひと》は信用《しんよう》してくれなくなるかもしれません。話《はな》している内《ない》容《よう》や相手《あいて》によって、ふさわしいたいどがとれるようになりましょう。

たいどがよいと、まわりとよりよい関係《かんけい》をきずくことができます。よいたいどとは、「前《まえ》向《む》きに考《かんが》える」「まわりに協力《きょうりょく》する」「冷静《れいせい》に考《かんが》える」「まわりの人《ひと》の気《き》もちや状況《じょうきょう》を考《かんが》える」「よいしせいで行動《こうどう》する」「まじめに取《と》り組《く》む」などが表《あらわ》れたものです。

みんなでなにかを決《き》めるときに、ひとりだけあくびをしていたり、話《はなし》を聞《き》いていなかったりすると、やる気《き》のないたいどだと思《おも》われて、まわりの人《ひと》が、いっしょになにかをする気《き》がなくなってしまいます。

いくら「がんばりま～す」と言《い》っても、ダラダラとめんどうくさそうにしていたら、まわりの人《ひと》は「本当《ほんとう》かな？」と心配《しんぱい》になります。

いつも前向《まえむ》きにまじめなたいどでものごとに取《と》り組《く》んでいると、自然《しぜん》とまわりに人《ひと》が集《あつ》まり、人気者《にんきもの》になれるかもしれません。

ルールを作《つく》っておくと安心《あんしん》

「○○のときは、こうしようね！」と、お家《うち》の人《ひと》とルールを話《はな》し合《あ》って決《き》めておこう！

家《いえ》のルールを決《き》めよう

　お家《うち》の人《ひと》といっしょに、「こんなときは、こうする」と、ルールを決《き》めておくと、なにかあったときにも安心《あんしん》して対応《たいおう》できます。毎日《まいにち》、楽《たの》しくすごすためには、どのようなルールがあるとよいのか、いろいろな場面《ばめん》を考《かんが》えながら、家族《かぞく》で考《かんが》えていきましょう。

　法律《ほうりつ》や校則《こうそく》などのルールとちがって、お家《うち》のルールは、どれが正解《せいかい》とは決《き》まっていません。なので、家族《かぞく》みんなの意見《いけん》を聞《き》いてよく話《はな》し合《あ》って決《き》めることが大切《たいせつ》です。

　友《とも》だちの家《いえ》のルールと自分《じぶん》の家《いえ》のルールがちがっていることもあるかもしれません。

　友《とも》だちの家《いえ》に遊《あそ》びに行《い》ったときは、そのお家《うち》のルールを守《まも》ります。自分《じぶん》の家《いえ》では、自分《じぶん》の家《いえ》のルールを友《とも》だちに教《おし》えてあげましょう。

　もしルールをやぶってしまったら、まずはお家《うち》の人《ひと》にあやまり、それから、なにか理由《りゆう》があったときは、正直《しょうじき》に伝《つた》えましょう。

　あなたが大《おお》きくなるにつれて、お家《うち》のルールも少《すこ》しずつ変《か》えていく必要《ひつよう》があるかもしれません。ときどき家族《かぞく》で、見直《みなお》してみるといいですね。

いろいろな場面《ばめん》のルールを決《き》めよう

遊《あそ》びに行《い》くときは、行《い》き先《さき》などをお家《うち》の人《ひと》に伝《つた》えます。秋《あき》から冬《ふゆ》にかけては暗《くら》くなるのが早《はや》くなるので、早目《はやめ》に家《いえ》に帰《かえ》るようにしましょう（→70ページ）。

るす番《ばん》をしているときは、子《こ》どもがひとりで家《いえ》にいることをまわりに知《し》られないようにすることが一番大切《いちばんたいせつ》です。

インターホンがなったり、電話《でんわ》がかかってきたときにどうするか、お家《うち》の人《ひと》とよく話《はな》し合《あ》ってルールを決《き》めておきましょう（→72ページ）。

テレビやゲームのルールを決《き》めよう

心《こころ》と身体《からだ》の健康《けんこう》のために、テレビをみる時間《じかん》や、ゲームやスマホをする時間《じかん》について、ルールを決《き》めておきましょう（→73ページ）。ゲームやスマホにのめりこみすぎて、だんだんそれがないと落《お》ち着《つ》かなくなったり、食事《しょくじ》や勉強《べんきょう》の時間《じかん》がおろそかになったりすることを、中毒《ちゅうどく》になるといいます。中毒《ちゅうどく》になってしまうと、自分《じぶん》ではどうしてもやめられなくなって、カウンセラーやお医者《いしゃ》さんの助《たす》けが必要《ひつよう》になってしまうこともあります。

遊《あそ》びに行《い》くときのルール

遊《あそ》びに行《い》くときは、お家《うち》の人《ひと》に行《い》き先《さき》と帰《かえ》る時間《じかん》などを伝《つた》えてから出《で》かけるのがお約束《やくそく》。

海《うみ》や川《かわ》、ゲームセンター、屋上《おくじょう》、駐車場《ちゅうしゃじょう》などは、子《こ》どもだけで行《い》くにはきけんが多《おお》い場所《ばしょ》なので、近《ちか》よらないようにしましょう。空《あ》き家《や》や空《あ》きビルなど、立《た》ち入《い》り禁止《きんし》の場所《ばしょ》にも行《い》かないように。公園《こうえん》など外《そと》にあるトイレにひとりで入《はい》るのもきけん。どうしても行《い》きたいときは、友《とも》だちといっしょに行《い》きましょう。人通《ひとどお》りの少《すく》ない場所《ばしょ》で遊《あそ》ぶのもやめましょう。

お家《うち》の人《ひと》と約束《やくそく》した帰宅時間《きたくじかん》は、かならず守《まも》りましょう。お家《うち》の人《ひと》に心配《しんぱい》をかけないようにするのも大切《たいせつ》なマナーです。

また、遊《あそ》びに行《い》く前《まえ》に、宿題《しゅくだい》などのやるべきことを済《す》ませておくと、思《おも》いきり遊《あそ》べて気《き》もちがいいですよ。どうしても宿題《しゅくだい》を終《お》わらせる前《まえ》に遊《あそ》びたいときは、宿題《しゅくだい》をする時間《じかん》をあらかじめ決《き》めてから、遊《あそ》びに行《い》きましょう。

家《いえ》に人《ひと》が来《き》たとき

家《いえ》におとなのお客《きゃく》さんが来《く》ると、きんちょうしますね。
マナーを覚《おぼ》えておけば安心《あんしん》です。

お客《きゃく》さんをむかえるときのマナーを覚《おぼ》えましょう。

お客《きゃく》さんが来《き》たときは、お家《うち》の人《ひと》といっしょに玄関《げんかん》まで行《い》き「いらっしゃいませ」と声《こえ》をかけて、お出《で》むかえします。

お客《きゃく》さんを部屋《へや》に案内《あんない》するときは、入《い》り口《ぐち》の横《よこ》で立《た》ち止《ど》まり、お客《きゃく》さんを先《さき》に通《とお》します。お茶《ちゃ》とおかしが用意《ようい》できたら、おぼんにのせて運《はこ》びます。「どうぞ」と一《ひと》言《こと》そえて、お客《きゃく》さんから見《み》て右側《みぎがわ》にお茶《ちゃ》、左側《ひだりがわ》におかしを置《お》きましょう。和室《わしつ》の場《ば》合《あい》は、しきいやざぶとんをふまないように気《き》をつけて。お客《きゃく》さんとお家《うち》の人《ひと》が話《はな》しているあいだは、ほかの部屋《へや》で静《しず》かにすごし、お客《きゃく》さんが帰《かえ》るときは、お家《うち》の人《ひと》といっしょにお見送《みおく》りをします。

心《こころ》をこめれば、「おもてなし」の気《き》もちがきっと相手《あいて》にも伝《つた》わりますよ。

るす番《ばん》をするときは…

るす番中《ばんちゅう》にこまったことが起《お》こったときは、すぐにお家《うち》の人《ひと》の携帯電話《けいたいでんわ》に連絡《れんらく》しましょう。

まわりをかくにん
カチャン
キョロキョロ
ピンポーン
お荷物《にもつ》ですー
あけちゃダメ!!
うーん

帰《かえ》って来《き》たとき、お家《うち》の人《ひと》が家《いえ》にいないことがわかっているときは、玄関《げんかん》の前《まえ》に着《つ》いたら、まわりにだれもいないことを確認《かくにん》してから、家《いえ》に入《はい》ります。家《いえ》に入《はい》ったら、玄関《げんかん》のドアや窓《まど》の戸《と》じまりをしっかりしましょう。火《ひ》や刃物《はもの》を使《つか》ったり、外《そと》やベランダに出《で》たりしないようにしましょう。

るす番中《ばんちゅう》は、だれかが来《き》ても、すぐにドアを開《あ》けてはいけません。ドアホンなどで扉《とびら》の向《む》こうにいる人《ひと》を確認《かくにん》し、知《し》らない人《ひと》ならぜったいにドアを開《あ》けてはいけません。よく知《し》っている人《ひと》の場合《ばあい》はどうするのか、お家《うち》の人《ひと》とルールを決《き》めておきましょう。電話《でんわ》がかかってきたときは、番号《ばんごう》を見《み》て、お家《うち》の人《ひと》からであれば出《で》てもOK《オーケー》ですが、知《し》らない人《ひと》なら出《で》ないようにしてください。

テレビやゲームのルール

テレビ、ゲーム、タブレットなどは、
使《つか》う時間《じかん》をお家《うち》の人《ひと》と決《き》めておくことが大切《たいせつ》です。

テレビやゲームは、お家《うち》の人《ひと》と話《はな》し合《あ》って、「1日《にち》1時間《じかん》まで」「夜《よる》は8時《じ》まで」など、ルールを決《き》めておくのがよいでしょう。

長時間《ちょうじかん》テレビを見《み》たり、ゲームをすることで、心《こころ》や身体《からだ》にさまざまな悪《わる》い影響《えいきょう》があるといわれています。もっともあらわれやすいのは、目《め》の異常《いじょう》で、画面《がめん》をずっと見《み》つづけることで目《め》がつかれて視力《しりょく》が下《さ》がることもあります。また、夜遅《よるおそ》くまでテレビを見《み》たり、ゲームをしていると、脳《のう》がこうふん状態《じょうたい》になり、なかなか眠《ねむ》れなくなるので、眠《ねむ》る1時間前《じかんまえ》には、テレビやゲームは終《お》わりにしましょう。

テレビやゲームの時間《じかん》を自分《じぶん》でコントロールできるようになると、時間《じかん》が上手《じょうず》に使《つか》えるようになって、自信《じしん》が持《も》てるようになりますよ。

家《いえ》の中《なか》の ルール・マナー Q&A

とっても身近《みぢか》な存在《そんざい》だからこそ
相手《あいて》を思《おも》いやるマナーを忘《わす》れずに。

Q 食事中《しょくじちゅう》に、おはしで遠《とお》くのお皿《さら》を引《ひ》きよせたらおこられちゃった。どうして？

A 「よせばし」といって、おはしでしてはいけないことのひとつだよ。

おはしの使《つか》い方《かた》にはルールがあり、してはいけないおはしの使《つか》い方《かた》を、まとめて「きらいばし」といいます。

ごはんにおはしを突《つ》き立《た》てる「立《た》てばし」、おはしで人《ひと》を指《さ》す「指《さ》しばし」、おはしについたものをなめてとる「ねぶりばし」、おはしを手《て》に持《も》たずにくわえる「くわえばし」、なにを食《た》べようかと、おはしをあちこちに動《うご》かす「まよいばし」は、やめましょう。

よせばし

指《さ》しばし

くわえばし

立《た》てばし

ねぶりばし

まよいばし

Q まちがい電話《でんわ》をかけてしまったら、どうすればいい？

A 「まちがえました。すみません」と言《い》ってから、電話《でんわ》を切《き》ろう。

まちがい電話《でんわ》をかけてしまったら、「まちがえました。すみません」と言《い》って、落《お》ち着《つ》いて電話《でんわ》を切《き》りましょう。あわててブツッと電話《でんわ》を切《き》ると、感《かん》じが悪《わる》いですよ。

家《いえ》にかかってきた電話《でんわ》に出《で》たとき、相手《あいて》の名前《なまえ》が、聞《き》きとれなかったときは、「お名前《なまえ》をもう一度《いちど》お願《ねが》いします」と言《い》いましょう。「おかあさんをお願《ねが》いします」などと言《い》われたら、「少《すこ》しお待《ま》ちください」と言《い》ってから、電話《でんわ》を「保留《ほりゅう》」にして、お家《うち》の人《ひと》にかわります。電話《でんわ》の取《と》り方《かた》は、前《まえ》もってお家《うち》の人《ひと》とルールを決《き》めておきましょう。

Q 親《しん》せきが、お年玉《としだま》を送《おく》ってくれた。お礼《れい》はどうする？

A 手紙《てがみ》か電話《でんわ》で、早目《はやめ》にお礼《れい》の気《き》もちを伝《つた》えよう。

お祝《いわ》いなどでお金《かね》やプレゼントをもらったら、かならずお家《うち》の人《ひと》に伝《つた》えて、相手《あいて》にお礼《れい》を伝《つた》えます。お家《うち》の人《ひと》にたのむのではなく自分《じぶん》のことばでありがとうの気《き》もちを伝《つた》えましょう。長《なが》い文《ぶん》をかくのがにがてならハガキにかいてもいいですね。

ハガキのおもてには、真《ま》ん中《なか》に相手《あいて》の名前《なまえ》を、名前《なまえ》の右《みぎ》がわに住所《じゅうしょ》をかきます。自分《じぶん》の住所《じゅうしょ》や名《な》前《まえ》は左下《ひだりした》に少《すこ》し小《ちい》さくかきます。上手《じょうず》にかけなくても、手《て》がきの手紙《てがみ》はきっと相手《あいて》によろこばれますよ。

1234567
東京都○○区○○町2の2
神田なつめ様
大阪市☆☆区
☆☆町3の3
神田メイ
7654321

家《いえ》の中《なか》のルール＆マナー チェックリスト

□ 「おはよう」「いってきます」など、家族《かぞく》に自分《じぶん》からあいさつをする。

□ 「ありがとう」と「ごめんなさい」のことばを、素直《すなお》に家族《かぞく》に言《い》う。

□ 食事《しょくじ》の前《まえ》と後《あと》に、「いただきます」と「ごちそうさまでした」を言《い》う。

□ 音《おと》をたてずに、きれいなしせいで食事《しょくじ》をする。

□ ぬいだくつはそろえて、上着《うわぎ》はハンガーにかける。

□ 使《つか》ったものは、もとの場所《ばしょ》にもどしてしまう。

どれくらいできているかな？
できているものにチェックしてみよう！

□ 早《はや》ね早《はや》おきをし、毎日朝《まいにちあさ》ごはんを食《た》べる。

□ 植物《しょくぶつ》やペットの世話《せわ》を毎日《まいにち》かかさずする。

□ おこづかいちょうをつけ、貯金《ちょきん》をする。

□ 遊《あそ》びに行《い》くときは、行《い》き先《さき》と帰《かえ》る時間《じかん》を、お家《うち》の人《ひと》に伝《つた》える。

□ 家《いえ》にお客《きゃく》さんが来《き》たら、「いらっしゃいませ」と言《い》う。

□ るす番《ばん》をするときは、お家《うち》の人《ひと》と決《き》めたルールを守《まも》る。

□ お家《うち》の人《ひと》と決《き》めたテレビやゲームの使用時間《しようじかん》を守《まも》る。

キラかわクイズにチャレンジ!

めざせ♥サラツヤヘア

クイズ

きれいなかみでいるためには、どうすればいいかな?
下《した》の文《ぶん》が正《ただ》しいかどうか、○か×で答《こた》えてね。

① シャンプーの前《まえ》には、ブラッシングをする。 ❶ □
② シャンプーは、たっぷり使《つか》うとかみがきれいになる。 ❷ □
③ シャンプーするときは、地《じ》はだを中心《ちゅうしん》に洗《あら》う。 ❸ □
④ ドライヤーは、かみをいためるので使《つか》わない。 ❹ □
⑤ ブラッシングをすればするほど、かみがきれいになる。 ❺ □

答《こた》え

❶ ○ シャンプーする前《まえ》に、目《め》のあらいブラシでブラッシングをすると、かみのほこりやからまりが取《と》れて、効果的《こうかてき》にシャンプーできるよ。

❷ × シャンプーが多《おお》すぎると、かみのうるおいをうばってしまうことも。シャンプーやトリートメントは、きめられた量《りょう》を使《つか》うようにしてね。

❸ ○ 手《て》でシャンプーをあわだてたら、あわを地《じ》はだにつけて洗《あら》ってね。地《じ》はだをていねいに洗《あら》うと、いっしょにかみの毛《け》のよごれも落《お》ちるよ。

❹ × かみのツヤをうみだすキューティクルは、ぬれているとはがれやすくなるよ。ドライヤーで、かみをしっかりかわかしてからねよう。

❺ × 頭皮《とうひ》をマッサージするという意味《いみ》では、かみのためによいけれど、あまりにやりすぎると、かみに静電気《せいでんき》がおきてパサパサになってしまうかも。

パート3

マナーを守《まも》れば
みんなと仲《なか》よくできる

友《とも》だちと約束《やくそく》したのに…

すみません、
聞《き》いてませんでした
はい、いいですよ。
本当《ほんとう》にぐあいが
悪《わる》くなったら
保健室《ほけんしつ》に行《い》ってね
はい…
みんなもね
ユマちゃん、
なにかあったの
かな…？
はーい

キーンコーン
カーンコーン
はい、じゃあ今日《きょう》の国語《こくご》を終《お》わります
ありがとうございました
ユマちゃん、だいじょうぶ？
あ、メイちゃん
だいじょうぶだよ
本当《ほんとう》？
なにかあった？
……

ちょっとこっち来《き》て
えっ待《ま》って!
スタスタ
ぜったいだれにも言《い》わないって約束《やくそく》できる?
うん
実《じつ》はおかあさんが入院《にゅういん》しちゃって…
うんうん
コソコソ
えっ

えーっ!!
メイちゃん声《こえ》大《おお》きいよ
そっか、それは落《お》ち込《こ》むよね…話《はな》してくれてありがとう
ぜったいにぜったいにナイショだよ!
もちろん!
——次《つぎ》の日《ひ》
メイちゃん
カオルちゃんおはよー
おはよー
昨日《きのう》ユマちゃん元気《げんき》なかったよね…メイちゃんなにか聞《き》いてる?

えっ
実《じつ》はね、ユマちゃん……
そうなの!?
あっ しまった
どうしよう… カオルちゃんに話《はな》しちゃった… ぜったいナイショって言《い》ってたのに…
そっかー ユミちゃん…
ユマちゃん、だいじょうぶ? メイちゃんから聞《き》いたよ
だれにも言《い》わないでって約束《やくそく》したのに! メイちゃんひどいっ!!
プイッ
どうしよう…
ガーン

友《とも》だちと話《はな》すとき、みんなの前《まえ》で話《はな》すとき

相手《あいて》や場面《ばめん》に合《あ》わせて、意識《いしき》して話《はな》し方《かた》を変《か》えてみよう！

話《はな》す相手《あいて》や状況《じょうきょう》に合《あ》わせたマナーを身《み》につけよう

あなたは、話《はなし》をするときになにか気《き》をつけていることはありますか。友《とも》だちになにかを借《か》りるときは「それ、貸《か》して！」と言《い》い、先生《せんせい》になにかを借《か》りるときは「〇〇を貸《か》してください」と言《い》うように、自然《しぜん》に話《はな》し方《かた》が変《か》わりますね。友《とも》だちに好《す》きなものの話《はなし》をするときと、授業中《じゅぎょうちゅう》にみんなの前《まえ》で好《す》きなものを発表《はっぴょう》するときも、話《はな》し方《かた》が変《か》わるでしょう。

話《はなし》をする相手《あいて》や状況《じょうきょう》に合《あ》った話《はな》し方《かた》のマナーを身《み》につけてお

くと、自分《じぶん》もまわりの人《ひと》も楽《たの》しみながら話《はなし》ができます。

おとなになっても、その場《ば》や相手《あいて》に合《あ》わせて話《はなし》ができる人《ひと》は、みんなにすてきな人《ひと》だなと思《おも》われます。

会話《かいわ》の基本的《きほんてき》なマナー

会話《かいわ》をしているあいだは、話《はなし》に集中《しゅうちゅう》することが大切《たいせつ》です。なにかほかのことをしながら話《はなし》をするのは、相手《あいて》に対《たい》してとても失礼《しつれい》なこと。

自分《じぶん》が話《はな》すときはもちろん、相手《あいて》の話《はなし》を聞《き》くときも気《き》をつけて。友《とも》だちの話《はなし》を聞《き》くときも、発表《はっぴょう》している人《ひと》の話《はなし》を聞《き》くときも、ボーっとほかのことを考《かんが》えたり、スマホをさわったりするのはやめましょう。

会話《かいわ》をするときは、自分《じぶん》だけが一方的《いっぽうてき》に話《はなし》をしないように。相手《あいて》が話《はなし》をしているときは、しっかり最後《さいご》まで聞《き》きましょう。「それよりさ〜」などと言《い》って、話《はなし》をとちゅうでさえぎると、相手《あいて》は悲《かな》しくなってしまいます（→97ページ）。

相手《あいて》によって変《か》えてみよう

みんなの前《まえ》に出《で》て発表《はっぴょう》するときは、ていねいでわかりやすいことばを使《つか》いながら、大《おお》きな声《こえ》で話《はな》すようにしましょう。きんちょうするときは、話《はな》す前《まえ》に、伝《つた》えたいことをメモにまとめておくのもオススメです（→88ページ）。

新《あたら》しいアイディアを生《う》みだしたり、チームワークを高《たか》めるために、話《はな》し合《あ》いはとても大切《たいせつ》です。気《き》もちよく話《はな》し合《あ》いを進《すす》めるためには、自分《じぶん》とはちがう意《い》見《けん》もよく聞《き》くことがとても大切《たいせつ》。また、話《はな》し合《あ》いで決《き》まったことにはしっかり協力《きょうりょく》しましょうね（→89ページ）。

先生《せんせい》とは、敬語《けいご》を使《つか》って話《はな》しましょう。職員室《しょくいんしつ》で話《はな》すときには、声《こえ》のボリュームなどにも気《き》をつけて（→90〜91ページ）。

みんなの前《まえ》で話《はな》すとき

みんなの前《まえ》に立《た》つときんちょうしますね。
みんなの前《まえ》で話《はな》すときのポイントを覚《おぼ》えましょう。

みんなの前《まえ》で発言《はつげん》するときは、ていねいなことばを使《つか》って、大《おお》きな声《こえ》で話《はな》します。目線《めせん》はできるだけ、前《まえ》に向《む》けましょう。下《した》を向《む》いていると、声《こえ》も聞《き》こえにくくなってしまいます。

もし、きんちょうしているなと思《おも》ったら、ゆっくりと深《しん》こきゅうをしてみましょう。ドキドキしている気《き》もちをはき出《だ》すようなイメージで行《おこな》うのがポイント。首《くび》やうでなどをぐるぐるまわして、体《からだ》を動《うご》かすことでもきんちょうがほぐれます。

また、クラスメイトがみんなの前《まえ》で発《はっ》表《ぴょう》をしているときは、話《はなし》をしっかりと聞《き》きましょう。もしクラスメイトがまちがったりことばにつまったりしてしまっても、わらったり、まちがいを声《こえ》に出《だ》して指摘《してき》したりしないことが聞《き》く人《ひと》のマナーです。

意見《いけん》がまとまらないとき

自分《じぶん》とはちがう意見《いけん》にも耳《みみ》をかたむけることが、
大切《たいせつ》なマナーであることを知《し》っておきましょう。

クラスの中《なか》で「意見《いけん》A」と「意見《いけん》B」が分《わ》かれているとします。このようなときは、それぞれの意見《いけん》の長所《ちょうしょ》と短所《たんしょ》を書《か》き出《だ》し、話《はな》し合《あ》ってみるといいですよ。書《か》き出《だ》したあとは、それぞれの短所《たんしょ》をどうすればおぎなうことができるか考《かんが》えてみましょう。じっくり話《はな》し合《あ》うことで、自《じ》分《ぶん》と反対《はんたい》の意見《いけん》も理解《りかい》できるようになり、ふたつの意見《いけん》を落《お》ち着《つ》いてながめられるようになります。

意見《いけん》を言《い》うときは「わたしは○○だと思《おも》います。なぜなら〜」のように、先《さき》に結《けつ》論《ろん》を話《はな》し、後《あと》から理由《りゆう》を加《くわ》えましょう。反対《はんたい》のときは、相手《あいて》の考《かんが》えを頭《あたま》ごなしに否定《ひてい》しないように注意《ちゅうい》します。「たしかに△△という意見《いけん》にもいいところがありますが、わたしは〜と思《おも》います」のように話《はな》すと、おだやかに話《はな》し合《あ》えます。

先生《せんせい》と話《はな》すとき

友《とも》だちのようになんでも話《はな》せる先生《せんせい》でも、話《はなし》をするときは、ていねいに話《はな》しましょう。

先生《せんせい》とお話《はな》しするときは、敬語《けいご》を使《つか》いましょう。

語尾《ごび》を「〜です」「〜ます」にするだけでも、ていねい語《ご》と呼《よ》ばれるりっぱな敬語《けいご》になります。ていねい語《ご》の使《つか》い方《かた》になれてきたら、尊敬語《そんけいご》、謙譲語《けんじょうご》を少《すこ》しずつ身《み》につけていくといいですね（24ページも見《み》てみましょう）。

先生《せんせい》の話《はなし》を聞《き》いているあいだは、先生《せんせい》の目《め》を見《み》ることも大切《たいせつ》です。適度《てきど》に「はい」とあいづちを入《い》れることで、あなたが話《はなし》をしっかりと聞《き》いて、理解《りかい》していることが先生《せんせい》に伝《つた》わりやすくなりますよ。

また、なにかこまったことがあるときは、先生《せんせい》に相談《そうだん》してみましょう。たんにんの先生《せんせい》に話《はな》しづらいことは、ほかのクラスの先生《せんせい》や保健室《ほけんしつ》の先生《せんせい》に話《はな》してみると、きっと相談《そうだん》にのってくれますよ。

職《しょく》員《いん》室《しつ》でのマナー

職員室《しょくいんしつ》に入《はい》るときは、きちんと身《み》なりをととのえてからドアをノックしましょう。

職員室《しょくいんしつ》に入《はい》るときは、上《うわ》ばきのかかとをふんだり、ぼうしをかぶったりしていないか確認《かくにん》しましょう。ノックをして静《しず》かにドアを開《あ》け、「失礼《しつれい》します」とあいさつして中《なか》に入《はい》ったら、「○年《ねん》○組《くみ》の○○○○です。○○先生《せんせい》はいらっしゃいますか」と、言《い》います。

先生《せんせい》には、ダラダラと話《はな》さず、手短《てみじか》に用件《ようけん》を伝《つた》えます。用事《ようじ》がすんだら、「失礼《しつれい》しました」とドアの前《まえ》であいさつし、おじぎをしてから、静《しず》かにドアを閉《し》めましょう。もし、先生《せんせい》が電話《でんわ》に出《で》ていたり、ほかの先生《せんせい》と話《はなし》をしている場合《ばあい》は、わりこまずに、先生《せんせい》の手《て》が空《あ》くまで静《しず》かに待《ま》ちましょう。

また、先生《せんせい》が仕事《しごと》をしていた場合《ばあい》は、「お仕事中《しごとちゅう》に失礼《しつれい》します」とひと言《こと》そえられると、マナー上級者《じょうきゅうしゃ》ですよ！

キラキラことば

ことばの持《も》つ力《ちから》

ことばには、まわりを明《あか》るくする力《ちから》も、
暗《くら》くしてしまう力《ちから》もあります。

日本《にほん》にはむかしから「言霊《ことだま》」ということばがあり、ことばにふしぎな力《ちから》が宿《やど》っていると考《かんが》えられていました。

ふだん何気《なにげ》なく口《くち》にしていることばに、自分《じぶん》とまわりの人《ひと》に影響《えいきょう》をあたえる力《ちから》があるということです。

たとえば、なにを見《み》ても「やだ」「これ、きらい」「つまらない」ばかり言《い》っている人《ひと》のまわりには、なんとなく暗《くら》～いオーラがただよっているような……。

反対《はんたい》に、いつも「いいね」「これ、すき」「楽《たの》しいね」と言《い》っている人《ひと》からはハッピーなオーラが出《で》ていて、いっしょにいて楽《たの》しそうですね。明《あか》るく前向《まえむ》きなことばを口《くち》にしていると、自分《じぶん》もまわりの人《ひと》も前向《まえむ》きな気《き》もちにすることができます。

自分《じぶん》の口《くち》ぐせが、自分《じぶん》の行《こう》動《どう》に知《し》らず知《し》らずに影響《えいきょう》をあたえていることも。

「どうせ」や「ムリムリ」が口《くち》ぐせだと、なにかにチャレンジする前《まえ》からあきらめてしまったり、「だる～い」が口《くち》ぐせだと、本当《ほんとう》に元気《げんき》が出《で》てこなかったり……。

自分《じぶん》のためにも、いつもやさしく前向《まえむ》きなことばを使《つか》うように心《こころ》がけましょう。

また、目標《もくひょう》や夢《ゆめ》は口《くち》に出《だ》した方《ほう》が、自分《じぶん》の希望《きぼう》がはっきりし、まわりの人《ひと》も協力《きょうりょく》してくれるのでかないやすくなります。信頼《しんらい》できる人《ひと》に話《はな》したり、日記《にっき》に書《か》きとめておいたりすると、いいですね。

いつか イギリスに 留学《りゅうがく》したいの!
おおー
すごい!

ルールやマナーを守《まも》ると好《す》かれる

どんな場所《ばしょ》でも、だれといてもルールやマナーを守《まも》れる人《ひと》は、人気者《にんきもの》になれるはず！

ルールやマナーを守《まも》って気《き》もちよくすごそう

いろいろな人《ひと》がいっしょにくらす社会《しゃかい》には、たくさんのルールやマナーがあります。

ルールを守《まも》って生活《せいかつ》することで、自分自身《じぶんじしん》の安全《あんぜん》を守《まも》ることができるだけでなく、まわりにいる人《ひと》たちの安全《あんぜん》も守《まも》ることができます。

なので、ルールをきちんと守《まも》る人《ひと》には、「この人《ひと》は、自分《じぶん》かってなことをしない」「この人《ひと》は、いつでも信用《しんよう》できる人《ひと》だな」と、まわりの人《ひと》が安心感《あんしんかん》をおぼえます。

マナーは、わたしたちがおたがいに気《き》もちよく、くらしていくための心《こころ》づかいです。マナーを守《まも》ることは、まわりにいる人《ひと》たちや自分自身《じぶんじしん》の心地《ここち》よさにつながります。

なので、マナーがきちんと身《み》についている人《ひと》を見《み》ると、「この人《ひと》はていねいで、感《かん》じがいいな」「この人《ひと》はみんなに気《き》をつかえる、やさしい人《ひと》だな」と、まわりの人《ひと》が心地《ここち》よく感《かん》じます。

まわりに流《なが》されないで

たとえば、勉強《べんきょう》や運動《うんどう》がとくいでなくても、おもしろいことが言《い》えなくてクラスの中《なか》で目立《めだ》

たなくても、だいじょうぶ。
ルールやマナーが身《み》についているということは、やさしい気《き》づかいができるということ。
だれにでもやさしくできる人《ひと》は、だんだんとまわりの人《ひと》がそのやさしさに気《き》づき、きっとみんなから好《す》かれるようになります。
もし、友《とも》だちがルールをやぶっているのを見《み》たら、自分《じぶん》はどうするのか、よく考《かんが》えて。みんなと同《おな》じようにしたほうが安心《あんしん》だからといって、まわりに流《なが》されないことも大切《たいせつ》です。

友《とも》だちづきあいのマナー

いくら仲《なか》がよい友《とも》だちでもルールやマナーを守《まも》ってつきあうことが大切《たいせつ》です。

家族《かぞく》と同《おな》じで、仲《なか》よくなればなるほど「言《い》わなくても、わかってくれるはず」「ちょっとくらい、わがまま言《い》ってもいいよね」と、遠《えん》りょがなくなってしまうこともあります。

自分《じぶん》がされたらいやだなと思《おも》うことは、友《とも》だちにもしないことが、ずっと仲《なか》よしているコツです（→98ページ）。

たとえ仲《なか》のよい友《とも》だちじゃなくても、人《ひと》をいやな気《き》もちにさせるようなことばや行動《こうどう》はしないのがルールです。

みんなでクスクスとだれかの

ことをわらったり、うわさ話《ばなし》をしたりするのは、やめたほうがいいかも。自分《じぶん》たちは楽《たの》しくおしゃべりをしているだけのつもりでも、だれかが悲《かな》しい気《き》もちになっているかもしれません。

「みんな対《たい》ひとり」のときの「みんな」は、自分《じぶん》が思《おも》うよりも、まわりをよせつけないオーラを出《だ》していることがあります。

わざとじゃなくても、だれかをきずつけることのないように気《き》をつけて。

友《とも》だちがこまっていたり、悲《かな》しんでいたりするときは、自分《じぶん》になにかできることはないか考《かんが》えて、行動《こうどう》しましょう。

相手《あいて》の気《き》もちを想像《そうぞう》することができる、思《おも》いやりのある人《ひと》になりたいですね(→98ページ)。

友《とも》だちとのトラブルをふせごう

友《とも》だちとのお金《かね》やスマホの貸《か》し借《か》りは、ぜったいにしてはいけません。お金《かね》やものの貸《か》し借《か》りは、後々《あとあと》トラブルのもとになります(→100ページ)。

トラブルが起《お》きたときは自《じ》分《ぶん》たちだけで解決《かいけつ》しようとせず、信頼《しんらい》できるおとなの人《ひと》に相談《そうだん》してください。

みんなと仲《なか》よくなるコツ

仲《なか》よくなりたいなあ、と思《おも》う人《ひと》がいたら、
自分《じぶん》からえがおで話《はな》しかけてみましょう。

おはよー その服《ふく》 かわいいね
ありがとう
絵《え》がじょうずだね! かきかたを教《おし》えて!

仲《なか》よくなりたい子《こ》には、自分《じぶん》から話《はな》しかけてみて。洋服《ようふく》や持《も》ちもの、休《やす》みの日《ひ》の予定《よてい》について聞《き》いてみると、話《はなし》がもりあがるかも。「聞《き》き上手《じょうず》」になることも大《たい》切《せつ》。相手《あいて》の話《はなし》は、とちゅうでさえぎったり、横取《よこど》りしたりせず、最後《さいご》まで聞《き》くことが大切《たいせつ》です。あいづちを入《い》れたり、質《しつ》問《もん》をするのもよいでしょう。「○○ちゃんといると楽《たの》しい」「今日《きょう》のかみがたすてきだね」など、好《す》きなところ、すてきなところを素直《すなお》にことばにすると、相手《あいて》はとってもうれしい気《き》もちになります。

本当《ほんとう》の友《とも》だちとは、おたがいのちがいをみとめあえる関係《かんけい》。自分《じぶん》が相手《あいて》に合《あ》わせてばかりでつらいなと思《おも》ったら、むりしていっしょにいなくてもだいじょうぶ。時間《じかん》がかかっても、自分《じぶん》の本音《ほんね》を話《はな》せる友《とも》だちに出会《であ》いたいですね。

自《じ》分《ぶん》がされていやなこと

自分《じぶん》が言《い》われたらいやだなと思《おも》うことは言《い》わない、自分《じぶん》がされたらいやだなと思《おも》うことはしないで。

それは悲《かな》しい気《き》持《も》ちになるから言《い》ってほしくないな…
そんなじょうだんだよー
あの子《こ》とはきょりをおこう…

もし、あなたがいやだなと感《かん》じることを友《とも》だちからされたときは、「悲《かな》しい気《き》もちになるからやめてほしいな」と勇気《ゆうき》を出《だ》して伝《つた》えて。本当《ほんとう》の友《とも》だちであれば、きっとやめてくれます。やめてと言《い》ってもいやなことをしてくる人《ひと》とは、きょりを置《お》くことが大切《たいせつ》。あなたが、がまんする必要《ひつよう》はないと覚《おぼ》えておいて。

少《すこ》しはなれてみることで、自分《じぶん》のこともその人《ひと》のことも、ちがった面《めん》が見《み》えてくることもあります。

また、人《ひと》をいやな気《き》もちにさせる動作《どうさ》はしないようにしましょう。舌打《したう》ちをしたり、人《ひと》を指《ゆび》さしたりするのは、マナーいはんですよ。また、無視《むし》をしたり、ヒソヒソ話《ばなし》をしたり、みんなでだれかのことをクスクスわらったりすることも相手《あいて》をとても傷《きず》つけてしまいます。

友《とも》だちの家《いえ》に行《い》くとき

友《とも》だちの家《いえ》に遊《あそ》びに行《い》くときは、お家《うち》の人《ひと》に行《い》き先《さき》と帰《かえ》る時間《じかん》を伝《つた》えてから出《で》かけましょう。

友《とも》だちのお家《うち》の人《ひと》に出《で》むかえてもらったら、「こんにちは」と、はきはきとあいさつしましょう。「おじゃまします」の一《ひと》言《こと》も忘《わす》れずに。友《とも》だちの家《いえ》の玄関《げんかん》でも、ぬいだくつはしっかりそろえて。家《いえ》の中《なか》にあるものにかってにさわったり、案内《あんない》された部屋《へや》以外《いがい》の場所《ばしょ》にかってに入《はい》るのはやめましょうね。

なにかをごちそうになったり、もらったりしたときは、「いただきます」「ありがとうございます」とお礼《れい》を伝《つた》えましょう。家《いえ》に帰《かえ》ったら「〇〇ちゃんのお家《うち》の人《ひと》に□□をいただいた」と、自分《じぶん》のお家《うち》の人《ひと》に報告《ほうこく》するのを忘《わす》れずに。帰《かえ》るときは、出《だ》したものを片付《かたづ》けて、元《もと》のきれいな状態《じょうたい》にもどします。友《とも》だちのお家《うち》の人《ひと》に「さようなら」「おじゃましました」とあいさつしてから帰《かえ》りましょう。

友《とも》だちとトラブルに…

友《とも》だちとトラブルになってしまったら、早《はや》めに自分《じぶん》から声《こえ》をかけて解決《かいけつ》しましょう。

友《とも》だちとトラブルになってしまったら、早《はや》めに自分《じぶん》から声《こえ》をかけて。時間《じかん》がたてばたつほど声《こえ》をかけづらくなってしまいます。「いやな気《き》もちにさせちゃってごめんね」など、自分《じぶん》のことばで気《き》もちを伝《つた》えましょう。相手《あいて》が先《さき》にあやまってくれたときは、「わたしのほうもごめんね」と伝《つた》えて。仲直《なかなお》りすれば、素直《すなお》に自分《じぶん》の気《き》もちを話《はな》せますね。

ものやお金《かね》の貸《か》し借《か》りが原因《げんいん》のトラブルは解決《かいけつ》がむずかしいもの。借《か》りたものを失《な》くしたりこわしたりしてしまったときは、すぐにお家《うち》の人《ひと》に相談《そうだん》してください。場合《ばあい》によっては、お家《うち》の人《ひと》といっしょにあやまりに行《い》ったほうがよいことも。お金《かね》の貸《か》し借《か》りはぜったいにNG《エヌジー》。くりかえし「貸《か》して」と言《い》われる場合《ばあい》は、かならずお家《うち》の人《ひと》に相談《そうだん》してください。

いじめを見《み》たら、されたら

だれにどんなことをされたとしても、あなたが大切《たいせつ》な存在《そんざい》であることに変《か》わりはありません。

だれかがいじめられているのを見《み》たときはお家《うち》の人《ひと》に相談《そうだん》し、お家《うち》の人《ひと》から学《がっ》校《こう》に伝《つた》えてもらうのがよいでしょう。

いじめは「自分《じぶん》がいじめられるくらいなら、いじめる側《がわ》になろう」という軽《かる》い気《き》もちから起《お》こることも。でも、どんな理由《りゆう》でも、ことばや暴力《ぼうりょく》で人《ひと》を傷《きず》つけるのは、けっしてゆるされないことです。

あなた自身《じしん》がいじめられていると感《かん》じたときは、信頼《しんらい》できるおとなに相談《そうだん》しましょう。お家《うち》の人《ひと》、担任《たんにん》やそれ以外《いがい》の先《せん》生《せい》、スクールカウンセラーなど、だれでもかまいません。どうしても話《はな》しにくい場合《ばあい》は、「子供《こども》SOS《エスオーエス》ダイヤル」などの相《そう》談窓口《だんまどぐち》に電話《でんわ》しましょう。

あなたは世界《せかい》にたったひとりの大切《たいせつ》な存在《そんざい》です。けっしてひとりでかかえこまないで。

24時間《じかん》
子供《こども》SOS《エスオーエス》ダイヤル
(電話番号《でんわばんごう》)
0120-0-78310

キラキラポイント

どんな場所《ばしょ》でもマナーは必要《ひつよう》？

放課後《ほうかご》、どんなところですごしていますか？
学童《がくどう》や習《なら》いごとで気《き》をつけることは？

放課後《ほうかご》や、休《やす》みの日《ひ》など、家《いえ》や学校以外《がっこういがい》の場所《ばしょ》ですごすときにも、マナーは必要《ひつよう》です。

夏休《なつやす》みや冬休《ふゆやす》みは、学童《がくどう》クラブで長《なが》い時間《じかん》をすごす人《ひと》もいますね。

せまい部屋《へや》で、勉強《べんきょう》をしたり、食事《しょくじ》をしたりと、様々《さまざま》な活動《かつどう》をするので、おたがいに快適《かいてき》にすごすために、片付《かたづ》けや活動時間《かつどうじかん》などのルールを守《まも》ってすごしましょう。自分《じぶん》の家《いえ》ではなく、みんなですごす場所《ばしょ》ということを忘《わす》れずに。

学年《がくねん》のちがう子《こ》もたくさんいるでしょう。自分《じぶん》によゆうがあるときは、年下《としした》の子《こ》のめんどうを見《み》たり、先生《せんせい》のお手伝《てつだ》いができるとすてきですね！

学習《がくしゅう》じゅくは、勉強《べんきょう》をしにいくところです。仲《なか》のよい友《とも》だちがいても、大《おお》さわぎしたり、場所《ばしょ》を占領《せんりょう》したりしないよう

に気《き》をつけましょう。授業後《じゅぎょうご》のおしゃべりもほどほどにして、帰《かえ》りがおそくならないように気《き》をつけて。

習《なら》いごとの教室《きょうしつ》では、それぞれルールが決《き》まっている場《ば》合《あい》もあるでしょう。教室《きょうしつ》でのルールを守《まも》り、礼儀正《れいぎただ》しくおけいこにはげむのが基本《きほん》です。学校《がっこう》やお家《うち》のルールとちがっていてとまどうときは、お家《うち》の人《ひと》に相談《そうだん》してみましょう。どうして、そういうルールがあるのか、先生《せんせい》に理由《りゆう》を聞《き》いてみるのもよいですね。

なにか問題《もんだい》があったときは、早目《はやめ》に学童《がくどう》やじゅくなどの先《せん》生《せい》に相談《そうだん》しましょう。

また、じゅくや習《なら》いごとを休《やす》むときは、お家《うち》の人《ひと》に言《い》って、かならず連絡《れんらく》をしましょう。かってに休《やす》むと、来《く》るとちゅうでなにかあったんじゃないかと、先生《せんせい》も心配《しんぱい》してしまいます。

学童《がくどう》クラブ・学習《がくしゅう》じゅく・習《なら》いごとなどは、通《かよ》いなれた場所《ばしょ》かもしれませんが、ここでも、「親《した》しき仲《なか》にも礼儀《れいぎ》あり」を忘《わす》れないようにできるといいですね！

みんなのものも大切《たいせつ》に

図書館《としょかん》の本《ほん》や、学校《がっこう》の道具《どうぐ》、自分《じぶん》のものじゃないからこそ大切《たいせつ》にあつかうのがマナー！

みんなでいっしょに使《つか》う場所《ばしょ》

学校《がっこう》やショッピングモールなどでトイレに行《い》き、そこのトイレがよごれていたら、使《つか》いたくないですね。

たとえば、自分《じぶん》が使《つか》っているトイレに、つぎに友《とも》だちが入《はい》ろうと待《ま》っているとしたら、友《とも》だちにはずかしくないように、できるだけきれいにして出《で》ると思《おも》います。

同《おな》じように、つぎにだれが使《つか》うかわからないところでも、たくさんの人《ひと》がいっしょに利用《りよう》する公共《こうきょう》の場所《ばしょ》は、きれいに使《つか》うのがマナー。

学校《がっこう》のそうじ当番《とうばん》のときも、自分《じぶん》とみんなが心地《ここち》よくすごせると考《かんが》えながらそうじをすると、やる気《き》が出《で》ますね。

お家《うち》でも、トイレやおふろ、洗面所《せんめんじょ》などの水《みず》まわりはよごれやすいので、きれいに使《つか》う習慣《しゅうかん》をつけましょう（↓106ページ）。

とくに、おふろをきれいに使《つか》えるようにしておくと、旅行《りょこう》などで大浴場《だいよくじょう》や温泉《おんせん》に行《い》ったときも、安心《あんしん》してすごせます。

みんなでいっしょに使《つか》うもの

教室《きょうしつ》にあるつくえやいす、体育館《たいいくかん》にあるボールやマット、音《おん》楽室《がくしつ》にある楽器《がっき》など、学校《がっこう》にはみんなでいっしょに使《つか》うものがたくさんあります。学校《がっこう》のものは、ていねいにあつかい、使《つか》った後《あと》は、元通《もとどお》りにかたづけておきます。図書館《としょかん》や図書室《としょしつ》の本《ほん》も、ていねいにあつかいましょう（→107ページ）。

公共《こうきょう》のものを大切《たいせつ》にできる人《ひと》は、思《おも》いやりのある人《ひと》です。みんなのものが、少《すこ》しでも長《なが》くきれいに使《つか》えるように気《き》をつける気《き》もちをわすれないようにしましょう。

公園《こうえん》を使《つか》うときは

公園《こうえん》の遊具《ゆうぐ》も、みんなのものです。落書《らくが》きをしたり、傷《きず》をつけたりしないように。こわれている遊具《ゆうぐ》を見《み》つけたときは、お家《うち》の人《ひと》や学校《がっこう》の先生《せんせい》に知《し》らせるとよいでしょう。

自分《じぶん》たちだけでなく小《ちい》さい子《こ》も安全《あんぜん》に遊《あそ》べるように考《かんが》えてあげられるといいですね。

また、公園《こうえん》や道《みち》に生《は》えている木《き》や花《はな》といった植物《しょくぶつ》は、だれかが世話《せわ》をしているもの。

公共《こうきょう》の場所《ばしょ》がいつもきれいで安全《あんぜん》であるために、働《はたら》いてくれている人《ひと》がいることを、わすれないようにしましょう。

みんなで使《つか》う場所《ばしょ》

あなたのちょっとした心《こころ》がけで、つぎに使《つか》う人《ひと》が気《き》もちよく使《つか》うことができます。

学校《がっこう》や図書館《としょかん》、公園《こうえん》など、みんなが使《つか》う場所《ばしょ》はきれいに使《つか》います。特《とく》にトイレなどの水回《みずまわ》りは、つぎに入《はい》る人《ひと》が気《き》もちよく使《つか》えるように気《き》をつけましょう。

トイレを出《で》る前《まえ》には、きちんと流《なが》れたかを確認《かくにん》し、よごれたり水《みず》が飛《と》び散《ち》ったりしているところがあれば、トイレットペーパーを使《つか》ってきれいにふきます。その後《あと》は、よく手《て》を洗《あら》いましょう。

また、洗面所《せんめんじょ》を使《つか》った後《あと》は、飛《と》び散《ち》った水滴《すいてき》をふきましょう。お家《うち》でも、トイレやおふろ、洗面所《せんめんじょ》など、家族《かぞく》みんなで使《つか》う場所《ばしょ》をきれいにする習慣《しゅうかん》をつけましょう。湯船《ゆぶね》に入《はい》る前《まえ》には、かけ湯《ゆ》をして体《からだ》のよごれを落《お》としてから入《はい》ります。出《で》るときは、湯船《ゆぶね》に浮《う》いているゴミやかみの毛《け》を取《と》りのぞき、床《ゆか》やかべに石《せっ》けんの泡《あわ》がついていないか確認《かくにん》しましょう。

図書館《としょかん》の本《ほん》は大切《たいせつ》に

図書館《としょかん》や図書室《としょしつ》では、走《はし》ったり大声《おおごえ》でさわいだりせず、静《しず》かにすごしましょう。

汚《よご》したり、やぶったりダメ
汚《よご》さないでていねいに読《よ》んでね
図書館《としょかん》では
食《た》べもの、飲《の》みものダメ！
プ
大声《おおごえ》で話《はな》すのダメ！

図書館《としょかん》では許可《きょか》された場所以外《ばしょいがい》で、食《た》べものや飲《の》みものを出《だ》してはいけません。ガムやあめも本《ほん》をよごす原因《げんいん》になるので、口《くち》にしないようにしましょう。

新聞《しんぶん》や雑誌《ざっし》の最新刊《さいしんかん》は、読《よ》みたいと思《おも》っている人《ひと》が多《おお》くいます。長時間《ちょうじかん》ひとりじめしないように気《き》をつけましょう。

図書館《としょかん》の中《なか》で読《よ》んだ本《ほん》は、読《よ》み終《お》わったら元《もと》の場所《ばしょ》にもどします。もし元《もと》にある場所《ばしょ》がわからなくなってしまったら、カウンターにいる人《ひと》にたのんで、もどす場所《ばしょ》を教《おし》えてもらいましょう。お家《うち》でゆっくり読《よ》みたい本《ほん》が見《み》つかったときは、カウンターに本《ほん》を持《も》っていき、貸《か》し出《だ》しの手続《てつづ》きをします。

図書館《としょかん》の本《ほん》を破《やぶ》ったり線《せん》を引《ひ》いたりいたずら書《が》きをするのは絶対《ぜったい》にやめて。借《か》りた本《ほん》はかならず返却日《へんきゃくび》までに返《かえ》します。

学校《がっこう》や友《とも》だちの ルール・マナー Q&A

友《とも》だちづきあいには、だれでもなやむもの。気長《きなが》に本当《ほんとう》の友《とも》だちを見《み》つけよう。

Q 新《あたら》しいクラスで、友《とも》だちができるかどうか不安《ふあん》。どうしたらいい？

A えがおであいさつし、みんなに親切《しんせつ》にして。あせらなくてもだいじょうぶ。

クラスがえで、仲《なか》のよい子《こ》たちとべつのクラスになってしまったら、新《あたら》しい友《とも》だちができるかな？とドキドキしますね。ひとりでいると不安《ふあん》で、すぐに新《あたら》しい友《とも》だちがほしいと思《おも》うでしょう。でも、すぐに友《とも》だちができるタイプの人《ひと》もいれば、じっくり時間《じかん》をかけて友《とも》だちを作《つく》るタイプの人《ひと》もいるので、あせらなくてもだいじょうぶ。

友《とも》だちを作《つく》るコツは、自分《じぶん》からえがおでみんなにあいさつをすること。また、人《ひと》の悪口《わるぐち》は言《い》わず、だれにでも親切《しんせつ》にするように心《こころ》がけて。やさしい人《ひと》は、みんなに好《す》かれます。

でも、ムリして友《とも》だちを作《つく》らなくてもかまいません。ひとりの時間《じかん》を楽《たの》しむことも、と

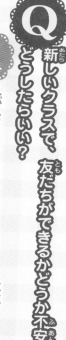

Q 待《ま》ち合《あ》わせのときは時間《じかん》ちょうどに行《い》けばいいの？

A 待《ま》ち合《あ》わせの5分前《ふんまえ》には着《つ》くように心《こころ》がけて。

だれかと待《ま》ち合《あ》わせをしたら、待《ま》ち合《あ》わせ時間《じかん》の5分前《ふんまえ》には、待《ま》ち合《あ》わせ場所《ばしょ》に着《つ》くようにしましょう。ギリギリで家《いえ》を出《で》ると、忘《わす》れものをしたり、あわてて事故《じこ》にあったりしやすくなります。

電車《でんしゃ》やバスに乗《の》っていく場合《ばあい》は、おくれることもあるので、10分前《ぶんまえ》くらいには着《つ》くように、早目《はやめ》に家《いえ》を出《で》ておけば安心《あんしん》です。

もしおくれてしまう場合《ばあい》は、早目《はやめ》に連絡《れんらく》をして。相手《あいて》に会《あ》ったら、まずは「おくれて、ごめんなさい」と、相手《あいて》を待《ま》たせていたことに対《たい》して、あやまりましょう。

Q 授業中《じゅぎょうちゅう》、先生《せんせい》の質問《しつもん》に答《こた》えるのがはずかしいときは？

A まちがっても、まわりはあまり気《き》にしていないからだいじょうぶ。

授業中《じゅぎょうちゅう》、答《こた》えがわかっていても、手《て》をあげて答《こた》えるのはなんだかはずかしい、という人《ひと》もいるでしょう。先生《せんせい》に指名《しめい》されたときは、ゆう気《き》を出《だ》して大《おお》きな声《こえ》で答《こた》えましょう。

もし、答《こた》えがわからなかったり、まちがえてしまってもだいじょうぶ。自分《じぶん》では「はずかしくて立《た》ち直《なお》れない！」と思《おも》っても、まわりの人《ひと》は、人《ひと》のまちがいをそれほど気《き》にしていないもの。それに、まちがえることは学《まな》びのステップでとても大切《たいせつ》なこと。たくさんまちがえるからこそ、よくできるようになるので、はずかしいことではありません。

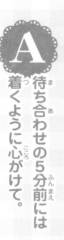

学校《がっこう》や友《とも》だちのルール＆マナー チェックリスト

- □ みんなの前《まえ》で発表《はっぴょう》するときは、大《おお》きな声《こえ》で話《はな》す。
- □ みんなで話《はな》すときは、自分《じぶん》とはちがう意見《いけん》も最後《さいご》まで聞《き》く。
- □ 職員室《しょくいんしつ》に入《はい》るときは、「失礼《しつれい》します」と言《い》ってから入《はい》る。
- □ 仲《なか》よくなりたい子《こ》には、自分《じぶん》から話《はな》しかけてみる。
- □ 自分《じぶん》が言《い》われたらいやだと思《おも》うことは、ほかの人《ひと》にも言《い》わない。
- □ だれかの悪口《わるぐち》を言《い》ったり、無視《むし》をしたり、仲間外《なかまはず》れにしたりしない。

どれくらいできているかな？
できているものにチェックしてみよう！

□ いじめられているかもと感《かん》じたときは、信頼《しんらい》できるおとなに相談《そうだん》する。

□ 明《あか》るく前向《まえむ》きなことばを口《くち》にするように心《こころ》がける。

□ 友《とも》だちの家《いえ》にあがるときは、「おじゃまします」と言《い》う。

□ 友《とも》だちとのお金《かね》の貸《か》し借《か》りはぜったいにしない。

□ トイレを使《つか》ったら、よごれていないか確認《かくにん》してから出《で》る。

□ 図書館《としょかん》の本《ほん》に落書《らくが》きをしたり、破《やぶ》ったりしない。

□ 習《なら》いごとやじゅく、学童《がくどう》でも、ルールやマナーを守《まも》る。

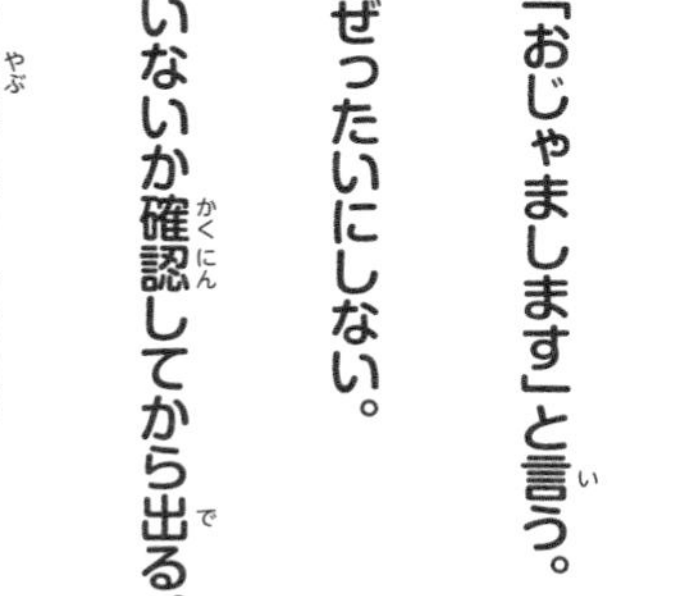

キラかわクイズにチャレンジ!

めざせ♥ヘルシースタイル

クイズ

健康的《けんこうてき》なスタイルでいるためには、どうすればいいかな？
下《した》のクイズに、○か×で答《こた》えてね。

① あまいものやスナックがしを、たくさん食《た》べると太《ふと》りやすい。 ❶ □
② 野菜《やさい》ばかり食《た》べていればやせるし、体《からだ》にいい。 ❷ □
③ 脂肪《しぼう》と筋肉《きんにく》なら、筋肉《きんにく》の方《ほう》が重《おも》い。 ❸ □
④ 身長《しんちょう》が高《たか》い方《ほう》が、モデルさんみたいでかっこいい。 ❹ □
⑤ O脚《オーきゃく》やX脚《エックスきゃく》は、治《なお》らない。 ❺ □

答《こた》え

❶ ○ あまいものや、油《あぶら》の多《おお》いものを食《た》べすぎると、体《からだ》に脂肪《しぼう》がつきやすくなるよ。おかしはひかえめに、ごはんをしっかり食《た》べてね。

❷ × 成長期《せいちょうき》は、体《からだ》が大《おお》きく変化《へんか》する大切《たいせつ》なとき。いろいろなものをバランスよく食《た》べて栄養《えいよう》をとることが、体《からだ》にとっていちばん大切《たいせつ》だよ。

❸ ○ 運動《うんどう》して体《からだ》がひきしまったのに体重《たいじゅう》が変《か》わらないのは、脂肪《しぼう》が筋肉《きんにく》に変《か》わったから。体重《たいじゅう》だけを気《き》にしすぎないようにしてね。

❹ × 身長《しんちょう》の高《たか》い低《ひく》いよりも、むねをはってきれいなしせいでいることや、体《からだ》の内《うち》がわからエネルギーがあふれていることが、かっこよく見《み》えるヒケツだよ。

❺ × あしのゆがみは、おしりの骨《ほね》の位置《いち》を整《ととの》えたり、あしの筋肉《きんにく》をきたえることで、治《なお》していくことができるよ。気《き》になるときは、お医者《いしゃ》さんに相談《そうだん》してね。

パート4

ネットの世界《せかい》にもルールがある

わたしもスマホがほしいな～

キャー
すごいね！
本当《ほんとう》に
会《あ》ってみるの？
まだわかんないよ。
でも会《あ》って
みようかな
サクラ
ちゃん
いいな…
ただいまー
カチャ
お帰《かえ》り
なさい
ママー
おかあさん
わたしも
スマホ、ほしいな〜
でんしゃだよ
ドクター
イエロー

じょうずにかけたね!!
メイも持《も》ってるじゃない、ケータイ
でしょ!
わたしが持《も》ってるのって、おかあさんとおとうさんしか連絡《れんらく》できないし
パパ
ママ
メイ
え、それで十分《じゅうぶん》じゃない
えー、でもー
またかいてくる!
友《とも》だちのサクラちゃんはスマホなんだよ
いろんな人《ひと》と知《し》り合《あ》って楽《たの》しそうだよ
ゲームもできるし
今度《こんど》チャットで仲《なか》よくなった子《こ》と会《あ》って遊《あそ》ぶんだって
うらやましいよ~わたしも…
メイ…

インターネットを使《つか》うと楽《たの》しいし、すてきなこともたしかにあるよ
じゃあ
でもひとつまちがえたら、すごくこわいのよ
なんで？　チャット見《み》たけど女《おんな》の子《こ》だし同《おな》じ年《とし》だし
写真《しゃしん》だってあったよ
じゃあもし、その女《おんな》の子《こ》がニセモノだったら？
えっ？
ニセモノ？
そんなことあるの？
だって知《し》らない人《ひと》でしょ。写真《しゃしん》だって本当《ほんとう》にその人《ひと》のものか確認《かくにん》できないじゃない。同《おな》じ年《とし》だっていうのもウソかも

本当《ほんとう》は男《おとこ》の人《ひと》かもしれないのよ
しめしめ
かわいくてすなおな女《おんな》の子《こ》をねらって連絡《れんらく》しているかもしれないんだよ
えーっ
ウソだあ、本当《ほんとう》？
ゾゾゾ
じっさいにそういう事件《じけん》があったのよ
だからスマホはまだ早《はや》いと思《おも》うの
なにかあったら心配《しんぱい》だし
もっと大《おお》きくなってから自分《じぶん》で買《か》ったらいいよ
うん…
しばらくはそのケータイにしてて

お友《とも》だちにも今《いま》のこと伝《つた》えたほうがいいよね？
そうね、心配《しんぱい》だね。伝《つた》えてあげたら？もしかしたらサクラちゃんのおかあさんも知《し》らないかもしれないし
わかった、明日《あした》サクラちゃんに言《い》ってみる！
――次《つぎ》の日《ひ》
おはよう
おはよう
昨日《きのう》ね、わたしのおかあさんから聞《き》いた話《はなし》なんだけどね…
えっ！
やっぱり会《あ》うのやめる!!

スマートフォンを持《も》つ前《まえ》に

ネットって？　スマホって？　どんなことができるものなのか、正《ただ》しく知《し》っておこう！

インターネットとは

インターネット（ネット）とは、世界中《せかいじゅう》のコンピュータ同士《どうし》を回線《かいせん》でつないで、情報《じょうほう》をやりとりできるようにするしくみのことです。

ネットは、スマートフォン（スマホ）、タブレット端末《たんまつ》、パソコンなどを通《とお》して利用《りよう》することができます。

ネットの歴史《れきし》

日本《にほん》でネットが広《ひろ》まったのは、1995年《ねん》ごろからといわれています。ネットを使《つか》うようになり、わたしたちのくらしは大《おお》きく変化《へんか》しました。今《いま》の社会《しゃかい》では、ネットはなくてはならない存在《そんざい》になっています。ネットはどんどん進化《しんか》しつづけていて、いろいろなことができるようになってきています。

ネットを上手《じょうず》に使《つか》えるようになろう

ネットは上手《じょうず》に使《つか》いこなすことができれば、とても便利《べんり》なものです。

キーワードを入《い》れれば、知《し》りたい情報《じょうほう》をすぐに手《て》に入《い》れることができます。

メール、メッセージ、SNS《エスエヌエス》などを使《つか》えば、家族《かぞく》や友《とも》だちとかんたんにコミュニケーションをとることができます。海外《かいがい》に住《す》んでいる知《し》り合《あ》いとも、写真《しゃしん》や文章《ぶんしょう》をいっしゅんのうちに送《おく》り合《あ》うことができます。

ブログや動画《どうが》共有《きょうゆう》サービスを使《つか》えば、世界中《せかいじゅう》の人《ひと》に自分《じぶん》から情報《じょうほう》を発信《はっしん》することもできます。

また、EC《イーシー》サイトとよばれるネット上《じょう》のお店《みせ》を利用《りよう》すれば、日本《にほん》だけでなく外国《がいこく》からも商品《しょうひん》を買《か》うことができます。

このような便利《べんり》さがある一方《いっぽう》で、ネットは使《つか》い方《かた》をまちがえてしまうと、とてもきけんな目《め》にあってしまうものでもあります。

スマホを使《つか》うときのルール

スマホなどを持《も》つ前《まえ》に、お家《うち》の人《ひと》と、使《つか》い方《かた》のルールを決《き》めておきましょう。

スマホは、ボタンひとつで、かんたんに好《す》きな音楽《おんがく》をダウンロードできたり、ゲーム上《じょう》のアイテムを買《か》ったりできます。

でも、形《かたち》のないものを買《か》ったとしても、買《か》いものは買《か》いもの。買《か》った分《ぶん》だけお金《かね》がかかり、そのお金《かね》はお家《うち》の人《ひと》がはらうということをわすれないようにしましょう（→124ページ）。

ネットを使《つか》う時間《じかん》を決《き》めよう

パソコンやスマホでインターネットを使《つか》いはじめるときは、
使《つか》う時間《じかん》を決《き》めておくことが大切《たいせつ》です。

インターネットを使《つか》いはじめるときは、かならずお家《うち》の人《ひと》といっしょにネットの便利《べんり》な点《てん》や気《き》をつける点《てん》について学《まな》び、使《つか》うときのルールを決《き》めましょう。特《とく》に、使《つか》う時間《じかん》を決《き》めておくことは大切《たいせつ》です。

「ネット依存《いぞん》」「ネット中毒《ちゅうどく》」ということばがあるように、世《よ》の中《なか》には、ネットの世界《せかい》に夢中《むちゅう》になるあまり、日常生活《にちじょうせいかつ》がおろそかになってしまい、心《こころ》や身体《からだ》に異常《いじょう》をきたしてしまう人《ひと》がたくさんいます。

また、スマホで長《なが》い時間《じかん》、動画《どうが》などを見《み》ると、データ通信料《つうしんりょう》が高額《こうがく》になってしまうことがあります。

「スマホを使《つか》っていいのは、一日《いちにち》に1時間《じかん》まで」、「夜《よる》9時《じ》以降《いこう》はネットやゲームをしない」など、使《つか》う時間《じかん》に関《かん》するルールをあらかじめ家族《かぞく》のあいだで決《き》めておきましょう。

使《つか》っていい場所《ばしょ》？だめな場所《ばしょ》？

スマホは、場所《ばしょ》や状況《じょうきょう》によって、電源《でんげん》を切《き》ったり、マナーモードに切《き》りかえたりする必要《ひつよう》があります。

スマホや携帯電話《けいたいでんわ》は、病院《びょういん》や飛行機《ひこうき》の中《なか》では、電源《でんげん》を切《き》るか、機内《きない》モードなどにしておきましょう。スマホから出《で》る電《でん》磁波《じは》が、精密機械《せいみつきかい》の誤作動《ごさどう》につながるおそれがあるからです。

電車《でんしゃ》が混《こ》んでいて優先席《ゆうせんせき》の近《ちか》くにいるときも、電源《でんげん》をオフにします。心臓《しんぞう》ペースメーカーなどを身《み》につけている人《ひと》が近《ちか》くにいる可能性《かのうせい》があるからです。

電車《でんしゃ》・バスなどの乗物《のりもの》や、図書館《としょかん》、レストランでは、マナーモードに切《き》りかえて、通話《つうわ》はしないようにしましょう。

歩《ある》いたり、自転車《じてんしゃ》に乗《の》っているときにスマホにさわる「ながらスマホ」はぜったいにやめて！ 注意力《ちゅういりょく》が低下《ていか》して、事故《じこ》につながるおそれがあります。また、撮《さつ》影禁止《えいきんし》の場所《ばしょ》ではスマホのカメラを使《つか》わないようにしましょうね。

購入《こうにゅう》ボタン、ちょっと待《ま》って!

「購入《こうにゅう》ボタン」を押《お》すことは、なにかを買《か》うということ、
お金《かね》がかかっていることを忘《わす》れずに。

スマホなどでゲームをしていると、「アイテムを購入《こうにゅう》しますか?」などと画面上《がめんじょう》で聞《き》かれることがあります。お家《うち》の人《ひと》の許可《きょか》なく、かってに購入《こうにゅう》するのは、ぜったいにやめて。アプリや音楽《おんがく》などの有料《ゆうりょう》ダウンロードも同《おな》じです。

あなたがスマホでなにかを買《か》うと、その料金《りょうきん》は、お家《うち》の人《ひと》がクレジットカードや電話《でんわ》(スマホ)の利用額《りようがく》の一部《いちぶ》としてまとめて支払《しはら》わなければなりません。

子《こ》どもがだまって購入《こうにゅう》をくりかえした結果《けっか》、とても支払《しはら》えない金額《きんがく》になっていたというケースもあります。その場《ば》でお金《かね》を支払《しはら》う仕組《しく》みではないため、スマホの世界《せかい》ではなにかを買《か》っても、「お金《かね》を使《つか》っている」という実感《じっかん》がわきにくいのです。通信料《つうしんりょう》などに、毎月《まいつき》お金《かね》がかかっていることも忘《わす》れないようにしましょう。

自分《じぶん》の情報《じょうほう》は大切《たいせつ》に！

名前《なまえ》、生年月日《せいねんがっぴ》、学校名《がっこうめい》など、個人《こじん》が特定《とくてい》できるあらゆる情報《じょうほう》のことを「個人情報《こじんじょうほう》」といいます。

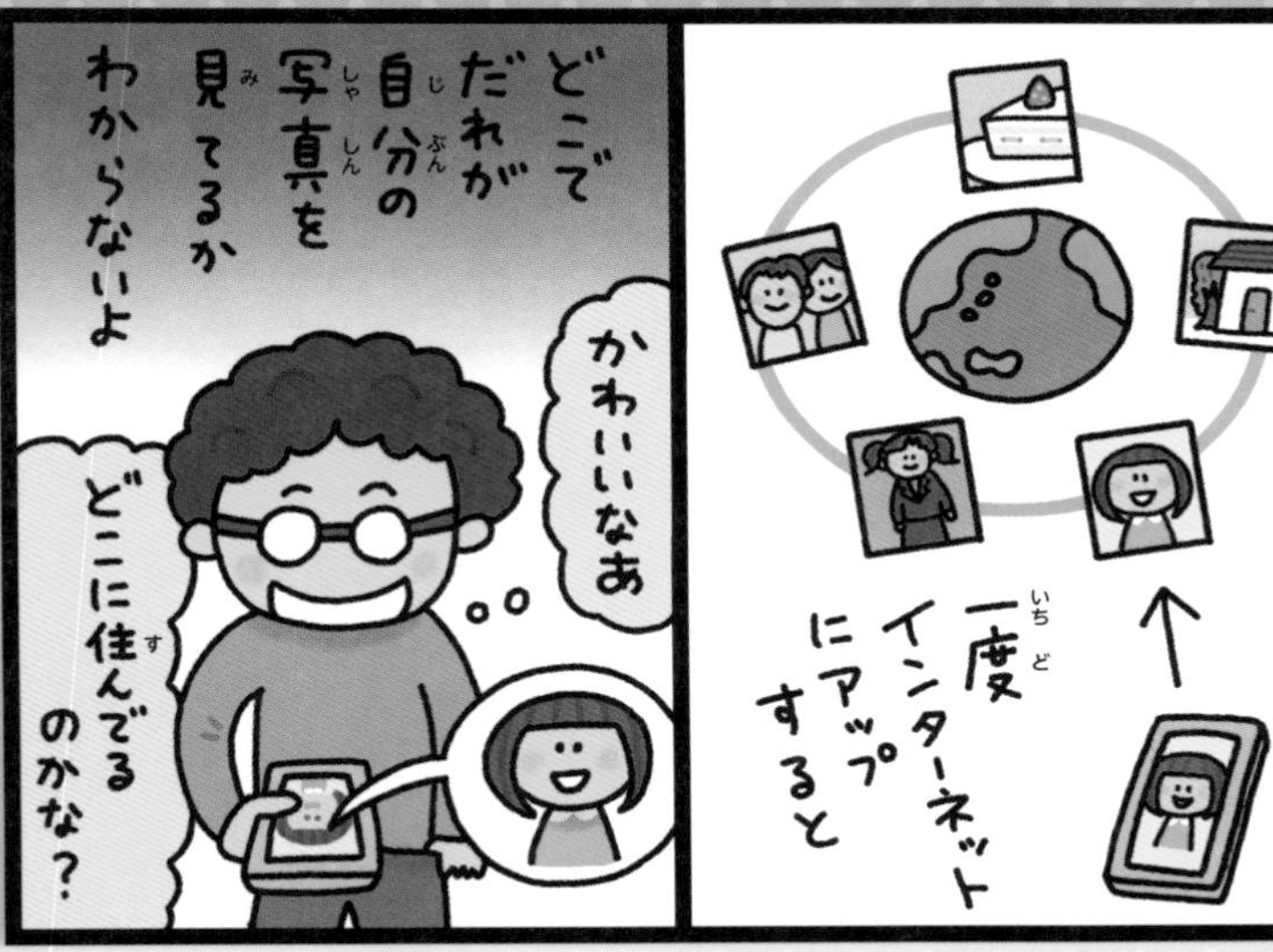

SNS《エスエヌエス》などで、名前《なまえ》、住所《じゅうしょ》、生年月日《せいねんがっぴ》、学校名《がっこうめい》、メールアドレスなどの個人情報《こじんじょうほう》を聞《き》かれても、けっして書《か》き込《こ》んではいけません。自分《じぶん》だけでなく、家族《かぞく》や友《とも》だちの情報《じょうほう》も、ぜったいに投稿《とうこう》しないでください。ネットの世界《せかい》では、一度《いちど》発信《はっしん》された情報《じょうほう》はあっというまに広《ひろ》まり、取《と》り消《け》すことができません。そして、その個人情報《こじんじょうほう》は、犯罪《はんざい》に使《つか》われるケースがとても多《おお》く、実際《じっさい》に犯罪《はんざい》に巻《ま》き込《こ》まれた子《こ》もいます。

顔写真《かおじゃしん》も個人情報《こじんじょうほう》です。SNS《エスエヌエス》などに顔写真《かおじゃしん》を上《あ》げる人《ひと》は多《おお》いですが、それは不特定多数《ふとくていたすう》の人《ひと》に自分《じぶん》の顔《かお》を知《し》られてしまうということ。見《み》られる人《ひと》を制限《せいげん》していたとしても、見《み》た人《ひと》が自分《じぶん》の写真《しゃしん》をどのように使《つか》うのかまではわかりませんよね。防犯《ぼうはん》のためにも、自分《じぶん》の顔写真《かおじゃしん》をむやみに投稿《とうこう》するのはひかえましょう。

キラキラポイント

スマホは貸《か》し借《か》りNG《エヌジー》

友《とも》だちにスマートフォンや携帯電話《けいたいでんわ》を貸《か》してと言《い》われたらどうしますか？

お家《うち》の人《ひと》や友《とも》だちに連絡《れんらく》したり写真《しゃしん》や動画《どうが》をとったり、スマートフォンや携帯電話《けいたいでんわ》はとっても便利《べんり》。

小学生《しょうがくせい》のうちはお家《うち》の人《ひと》に見《み》せてもらったり、キッズケータイなど、ネットができないタイプを持《も》っている人《ひと》もいるでしょう。

もし、あなたのまわりにスマートフォンやタブレットを持《も》っている子《こ》がいて、ちょっと使《つか》ってみたいなと思《おも》っても、かってにさわったり使《つか》ったりするのはぜったいにNG《エヌジー》。

スマートフォンは高額《こうがく》で、もしなくしたりこわしたりしたら大変《たいへん》です。それに、かってにネットやゲームをしたことで、知《し》らないうちにきけんなサイトにたどりついたり、お金《かね》がかかっていたりと、後々《あとあと》トラブルに発展《はってん》することもありま

スマホかしてよ！
だめっていわれてるんだけど…

す。友《とも》だちが「使《つか》っていいよ」と言《い》ってくれても、人《ひと》のスマートフォンは借《か》りないほうがいいでしょう。

自分《じぶん》のスマートフォンを持《も》っている人《ひと》は、「友《とも》だちに貸《か》さない」「インターネットは、かってに使《つか》わない」「ゲームはしない」など、お家《うち》の人《ひと》とルールを決《き》めておきましょう。

友《とも》だちのさそいをことわりきれずに、ルールを破《やぶ》ってしまったら、早目《はやめ》にお家《うち》の人《ひと》に話《はな》しておくことが大切《たいせつ》です。そして、知《し》らない人《ひと》から連絡《れんらく》が来《き》たり、買《か》った覚《おぼ》えのないゲームのアイテムがあったりと、少《すこ》しでもおかしいと思《おも》うことがあったら、かならずお家《うち》の人《ひと》に相《そう》談《だん》しましょう。

もし、スマートフォンや携帯《けいたい》電話《でんわ》をなくしてしまったら、すぐにお家《うち》の人《ひと》に話《はな》すことが大《たい》切《せつ》。交番《こうばん》と電話会社《でんわがいしゃ》に連絡《れんらく》して、拾《ひろ》った人《ひと》がかってに使《つか》えないように、急《いそ》いで手続《てつづ》きをしなければなりません。

覚《おぼ》えがないのに！
請求書
50,000-

インターネットを使《つか》うときのルール

ネットにアップした写真一枚《しゃしんいちまい》で、自分《じぶん》の住《す》んでいるところがわかってしまうかも……。

安全《あんぜん》に利用《りよう》するために

ネットを安全《あんぜん》に使《つか》うためには、守《まも》らなくてはならないルールがいくつかあります。

ネットは世界中《せかいじゅう》の人《ひと》とつながれる便利《べんり》さがありますが、いろいろな人《ひと》に見《み》られるということは、それだけ自分《じぶん》では想像《そうぞう》もできないような、様々《さまざま》なトラブルにまきこまれる可能性《かのうせい》があるということをわすれないようにしましょう。

パスワードはしっかり管理《かんり》

ネットの世界《せかい》で、身分証明書《みぶんしょうめいしょ》の代《か》わりになるのが「ユーザーID《アイディー》」と「パスワード」です。これらは、ぜったいにほかの人《ひと》に知《し》られないようにしましょう。

パスワードが流出《りゅうしゅつ》してしまう（みんなにばれてしまう）と、ほかの人《ひと》にかってにあなたの情報《じょうほう》を見《み》られたり、サギの標的《ひょうてき》にされたりすることもあります。

パスワードを守《まも》るためには、ほかの人《ひと》がかんたんに当《あ》てられるものを設定《せってい》しないことが大切《たいせつ》です。パスワードを設定《せってい》するときは、たんじょう日《び》や名前《なまえ》を入《い》れがちですが、じつはこれがとてもきけん。できるだけふくざつで、自分《じぶん》とは関係《かんけい》のない文《も》字《じ》や数字《すうじ》を入《い》れると、ほかの人《ひと》にわかりにくくなります。

また、パスワードは、お家《うち》の人《ひと》以外《いがい》には、けっして教《おし》えないようにしましょう。パスワードを書《か》いたメモは人《ひと》から見《み》えないところにしまっておくなど、工《く》夫《ふう》をしましょう。安全《あんぜん》のためには、パスワードを定期的《ていきてき》に変更《へんこう》するのがよいでしょう。

投稿《とうこう》するときに気《き》をつけること

SNS《エスエヌエス》などを使《つか》って、ネット上《じょう》に文章《ぶんしょう》や画像《がぞう》をアップするときは、注意《ちゅうい》が必要《ひつよう》です。自分《じぶん》の顔《かお》や名前《なまえ》はあげないほうがよいでしょう（→130ページ）。

ほかの人《ひと》の情報《じょうほう》や、ほかの人《ひと》が写《うつ》っている写真《しゃしん》を、本人《ほんにん》の許《きょ》可《か》なくアップするのもNG《エヌジー》です（→131ページ）。

イラストや音楽《おんがく》はかってに使《つか》わないで

イラスト、マンガ、小説《しょうせつ》、映《えい》画《が》、音楽《おんがく》など、すべての作品《さくひん》には作者《さくしゃ》がいて、「著作権《ちょさくけん》」とよばれる権利《けんり》があります。作者《さくしゃ》の許《きょ》可《か》なく、作品《さくひん》をかってにネット上《じょう》にアップするのは法律《ほうりつ》いはんです。ぜったいにやめましょう（→131ページ）。

あなたのいばしょがバレる？

ネット上《じょう》に写真《しゃしん》を上《あ》げると、あなたの住《す》んでいるところが
わかってしまうこともあります。

　ネット上《じょう》に写真《しゃしん》を上《あ》げるときには、細《さい》心《しん》の注意《ちゅうい》が必要《ひつよう》です。
　電柱《でんちゅう》やマンホール、郵便《ゆうびん》ポスト、自動《じどう》販売機《はんばいき》には、管理番号《かんりばんごう》が付《つ》けられているため、これらのものが写真《しゃしん》に写《うつ》りこんでいると、写真《しゃしん》を撮影《さつえい》した地域《ちいき》が、知《し》らない人《ひと》にわかってしまうおそれがあります。お店《みせ》の看板《かんばん》や広告看板《こうこくかんばん》なども撮影場所《さつえいばしょ》の特定《とくてい》につながってしまいますよ。
　また、学校《がっこう》の制服《せいふく》を着《き》て撮影《さつえい》した写真《しゃしん》や学校《がっこう》の前《まえ》で撮影《さつえい》した写真《しゃしん》をアップしてしまうと、通《かよ》っている学校《がっこう》が知《し》らない人《ひと》にわかってしまうおそれがあります。
　個人《こじん》や住所《じゅうしょ》が知《し》らない人《ひと》に特定《とくてい》されると、犯罪《はんざい》に巻《ま》き込《こ》まれるリスクが高《たか》まります。自分自身《じぶんじしん》や家族《かぞく》、友《とも》だち、身《み》のまわりの大切《たいせつ》な人《ひと》たちを守《まも》るためにも、写《しゃ》真《しん》を投稿《とうこう》するときは、気《き》をつけましょう。

かってに写真《しゃしん》を使《つか》わないで

わたしたちには、自分《じぶん》のすがたを他人《たにん》にかってに利用《りよう》されない「肖像権《しょうぞうけん》」という権利《けんり》があります。

自分《じぶん》以外《いがい》の人《ひと》が写《うつ》っている写真《しゃしん》や動画《どうが》を、かってにネットにのせるのはやめましょう。家族《かぞく》や友《とも》だちといっしょにとった写真《しゃしん》を、SNS《エスエヌエス》などに上《あ》げるのはさけたほうがよいですが、どうしても上《あ》げたいときは、かならず写《うつ》っている人全員《ひとぜんいん》の許可《きょか》をとり、友《とも》だちのお家《うち》の人《ひと》にも許可《きょか》をもらってからにしましょう。また、知《し》らない人《ひと》が写《うつ》りこんでいる写真《しゃしん》は、投稿《とうこう》しないようにして。

街《まち》で見《み》かけた有名人《ゆうめいじん》をかくしどりしたり、友《とも》だちの顔《かお》などをアプリで加工《かこう》して、本人《ほんにん》の許可《きょか》なくインターネットに投稿《とうこう》することも法律違反《ほうりついはん》になるので、気《き》をつけましょう。

ダウンロードした画像《がぞう》や動画《どうが》、人《ひと》の作品《さくひん》、音楽《おんがく》の歌詞《かし》や音源《おんげん》をネット上《じょう》に無断《むだん》で投稿《とうこう》するのもNG《エヌジー》です。

キラキラことば

ネットのことばは世界中《せかいじゅう》に広《ひろ》まる!

友《とも》だちとのヒミツのやりとりが
あっというまに広《ひろ》まってしまう
ことも!

ネット（インターネット）は、世界中《せかいじゅう》のだれもが、情報《じょうほう》を発《はっ》信《しん》したりそれを読《よ》んだりすることができる便利《べんり》な世界《せかい》です。

世界中《せかいじゅう》の人《ひと》とつながっているということは、自分《じぶん》と友《とも》だちだけのヒミツのつもりで書《か》いたことが、世界中《せかいじゅう》に広《ひろ》まる可《か》能性《のうせい》があるということ。一度《いちど》S《エス》NS《エヌエス》やネットにアップしたことばや写真《しゃしん》は、ちょっとしたまちがいで、ほかの人《ひと》の目《め》にふれてしまうことがあるのです。

自分《じぶん》ではすぐに削除《さくじょ》したつもりでも、知《し》らないあいだにコピーが広《ひろ》がって、それをばらまかれたり、悪《わる》いことに使《つか》われたりと、一生残《いっしょうのこ》ってしまう可《か》能性《のうせい》もあります。

ネットで情報《じょうほう》を集《あつ》めて、女《おんな》の子《こ》に近《ちか》づこうとする悪《わる》い人《ひと》もいます。ネット上《じょう》に、自分《じぶん》の写真《しゃしん》をアップしたり、名前《なまえ》や住《じゅう》

所《しょ》、通《かよ》っている学校《がっこう》などの情報《じょうほう》をのせるのは、とてもきけんなことだと覚《おぼ》えておきましょう。

また、SNS《エスエヌエス》やインターネット上《じょう》で、年《ねん》れいも住《す》んでいるところもちがう人《ひと》たちと話《はなし》をするのは世界《せかい》が広《ひろ》がったようで新鮮《しんせん》ですね。学校《がっこう》の友《とも》だちには話《はな》せないことも、ネットの中《なか》でなら話《はな》せるという人《ひと》もいるでしょう。

それ自体《じたい》は悪《わる》いことではありませんが、中《なか》にはネットの中《なか》では、自分《じぶん》がだれだかばれないからと気《き》が大《おお》きくなって、平《へい》気《き》でうそをついたり、人《ひと》の悪《わる》口《ぐち》を言《い》ったりしてしまう人《ひと》もいます。

たとえネットの世界《せかい》でも、だれかの悪口《わるぐち》を言《い》ったり、無責任《むせきにん》なうわさ話《ばなし》を流《なが》したりすることは、相手《あいて》をとても傷《きず》つけてしまいます。軽《かる》いじょうだんのつもりでも、相手《あいて》の受《う》け取《と》り方《かた》はちがうかもしれません。

人《ひと》を傷《きず》つけることばを言《い》いつづけていると、いつのまにか自分自身《じぶんじしん》の心《こころ》の中《なか》にもマイナスの気《き》もちがたまって、自分自《じぶんじ》身《しん》を傷《きず》つけることになってしまいます。

ネットでもマナーが守《まも》れるすてきなおとなになりたいですね。

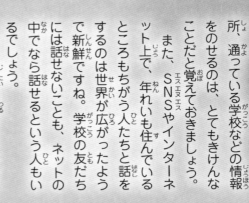

インターネットにひそむきけん

ネットで知《し》り合《あ》った人《ひと》の言《い》っていること、ぜんぶ本当《ほんとう》とはかぎらないかも……。

きけんもいっぱい！

ネットを使《つか》うと、いろいろな人《ひと》とコミュニケーションがとりやすくなりますが、そこで知《し》り合《あ》う人《ひと》すべてがよい人《ひと》とはかぎりません。

じっさいに、ネットが原因《げんいん》でいろいろなトラブルが起《お》きていることを覚《おぼ》えておきましょう。

自分《じぶん》の身《み》を守《まも》るために

ネットの世界《せかい》で名《な》のっている名前《なまえ》や年《ねん》れいは、本当《ほんとう》のものとはかぎりません。男《おとこ》の人《ひと》なのに、女《おんな》の子《こ》のふりをして、女《おんな》の子《こ》に近《ちか》づこうと考《かんが》える人《ひと》もいます。

知《し》らない人《ひと》からメールやメッセージが来《き》ても、けっして返事《へんじ》をしないように。

また、SNS《エスエヌエス》やオンラインゲームなどで知《し》り合《あ》った人《ひと》とは、ネット上《じょう》でどんなに仲《なか》よくなっても会《あ》うのはぜったいにやめましょう（→136〜137ページ）。

悪口《わるぐち》も取《と》り消《け》せない！

一度《いちど》送信《そうしん》した内容《ないよう》は、取《と》り消《け》すことができません。相手《あいて》に面《めん》と向《む》かって言《い》えないようなことや悪口《わるぐち》は、けっして送《おく》らないようにしましょう。

また、ネット上《じょう》のやりとりは

顔《かお》が見《み》えないので、誤解《ごかい》が起《お》きたり、トラブルが起《お》きたりしやすいものです。

顔《かお》を合《あ》わせてコミュニケーションするとき以上《いじょう》に、マナーに気《き》をつけるようにしましょう（→138ページ）。

投稿《とうこう》するときに気《き》をつけること

ネット上《じょう》にだれかの悪口《わるぐち》やうわさ話《ばなし》をかきこむのは、ぜったいにしてはいけないこと。かきこむ前《まえ》に、「これは、かいてもいいことかな?」と、よく考《かんが》えるくせをつけましょう（→139ページ）。

ネットを使《つか》うと、知《し》りたいことをかんたんに調《しら》べることができます。でも、ネット上《じょう》にある情報《じょうほう》を、そのままぜんぶ信《しん》じてはいけません。

なぜなら、ネット上《じょう》にある情《じょう》報《ほう》の中《なか》には、だれかがおもしろ半分《はんぶん》でかいたウソや、根《ね》も葉《は》もないうわさがたくさんまぎれこんでいるからです。

ネットで調《しら》べものをするときは、情報《じょうほう》がのっているサイトが信頼《しんらい》できるものなのか、よく考《かんが》える必要《ひつよう》があります。お家《うち》の人《ひと》や先生《せんせい》に相談《そうだん》しながら、しんちょうにネットを使《つか》うようにしてください。

ネットで知《し》り合《あ》った人《ひと》

ネットで知《し》り合《あ》った人《ひと》と会《あ》うのは、重大《じゅうだい》な犯罪《はんざい》に巻《ま》き込《こ》まれるおそれのあるとてもきけんなことです。

SNS《エスエヌエス》やオンラインゲームをはじめとするネット上《じょう》で知《し》り合《あ》った人《ひと》とは、ぜったいに会《あ》ってはいけません。会《あ》いたいと言《い》われたら、連絡《れんらく》をとるのもさけましょう。インターネットは、本名《ほんみょう》を明《あ》かさずに仮《かり》の名前《なまえ》で利用《りよう》できるものです。ネットの世界《せかい》には、性別《せいべつ》、年齢《ねんれい》、職業《しょくぎょう》など、うそをついているおとながたくさんいます。残念《ざんねん》なことに、その中《なか》には、子《こ》どもをねらった犯罪《はんざい》を起《お》こそうとたくらんでいる人《ひと》も多《おお》くいます。そういう人《ひと》は、「新《あたら》しい友《とも》だちをつくりたい」「なやみごとを聞《き》いてほしい」といった気《き》もちにつけこみ、親《した》しげなことばをたくみに使《つか》って、人《ひと》をだまします。

メールやメッセージのことばだけでは、相手《あいて》の正体《しょうたい》や本心《ほんしん》を知《し》ることはできない、ということをよく覚《おぼ》えておきましょう。

こんなメッセージに注意《ちゅうい》して

知《し》らない人《ひと》からメールやメッセージが届《とど》いても、
けっして連絡《れんらく》してはいけません。

「当選《とうせん》おめでとうございます」「プレゼントをお送《おく》りします」などと書《か》かれたメッセージ、アイドルや芸能人《げいのうじん》だと名《な》のる人《ひと》からのメッセージ、まちがって自分《じぶん》に届《とど》いてしまったかのように思《おも》えるメッセージにも、返信《へんしん》してはいけません。これらに返信《へんしん》すると、個人情報《こじんじょうほう》が流出《りゅうしゅつ》し、お金《かね》を支払《しはら》うよう要求《ようきゅう》されたり、サギの被害《ひがい》にあったりする可能性《かのうせい》があります。

また、知《し》らない人《ひと》から届《とど》いたメールに添付《てんぷ》してあるファイルを開《ひら》いたり、のっているURL《ユーアールエル》（インターネット上《じょう》の住所《じゅうしょ》）をクリックしただけで、パソコンがウイルスに感染《かんせん》し、個人情報《こじんじょうほう》が抜《ぬ》き取《と》られてしまったというケースもあります。身《み》に覚《おぼ》えがないメールやメッセージが届《とど》いたときは、けっして返信《へんしん》せず、お家《うち》の人《ひと》に相談《そうだん》しましょう。

悪口《わるぐち》はかかないで

ケンカのいきおいでかきこんだ悪口《わるぐち》でも、
ずっと文字《もじ》として残《のこ》ってしまいます。

A《エー》ちゃんって いつも わらってる
ヘラヘラしてるってこと？
グサッ
八方美人《はっぽうびじん》だよね
え！ホント？
グサッ
キライ
うるさい
許《ゆる》さない
悪口《わるぐち》をメールで送《おく》らない！

実際《じっさい》に顔《かお》を合《あ》わせて話《はな》をしているときは、相手《あいて》の気《き》もちを声《こえ》の調子《ちょうし》や表情《ひょうじょう》から読《よ》み取《と》ることができます。しかし、ラインやメッセージには基本的《きほんてき》に文字《もじ》しか書《か》かれていないため、相手《あいて》がじょうだんのつもりで言《い》っていることなのかどうか、わからなくなることがあります。

また、一度《いちど》送信《そうしん》した内容《ないよう》は、ずっと文字《もじ》として残《のこ》ってしまいます。特《とく》に友《とも》だちとけんかをしたときは、カッとなって相手《あいて》を傷《きず》つけることばを不用意《ふようい》に使《つか》ってしまいがち。友《とも》だちに言《い》いたいことがあるときは、直接《ちょくせつ》、顔《かお》を見《み》て話《はな》すようにしましょう。

また、だれかの悪口《わるぐち》や、よくないうわさをSNS《エスエヌエス》にかくのもぜったいにやめましょう。いじめなどのトラブルが起《お》こる原因《げんいん》になってしまいます。

かきこむ前《まえ》に考《かんが》えよう

ネットにかきこむときは、かいた内容《ないよう》が
だれかを傷《きず》つけないか、よく考《かんが》えてから。

だれかの個人情報《こじんじょうほう》、悪口《わるぐち》、からかいのことば、うわさ話《ばなし》をネット上《じょう》に投稿《とうこう》するのはぜったいにしてはいけないこと。人《ひと》を傷《きず》つけたということで、「名誉毀損罪《めいよきそんざい》」や「侮辱罪《ぶじょくざい》」という罪《つみ》に問《と》われ、うったえられたり、警察《けいさつ》につかまったりすることもあります。

とく名《めい》でネットにかかれた悪口《わるぐち》でも、警察《けいさつ》などが調《しら》べれば、どこのだれがかいたのかつきとめることができるのです。

ネット上《じょう》のかきこみは、多《おお》くの人《ひと》の目《め》にふれることになり、悪口《わるぐち》をかかれた人《ひと》が、深《ふか》くダメージを受《う》けてしまうケースも多《おお》くあります。

ネットに投稿《とうこう》をするときは、かいた内《ない》容《よう》がだれかを傷《きず》つけるものになっていないか十分《じゅうぶん》に確認《かくにん》しましょう。

ネットやスマホのルール・マナーQ&A

顔《かお》の見《み》えないネットでのやりとりは、
特《とく》に気《き》をつけることがいっぱい。

Q 友《とも》だちにメッセージを送《おく》ったのに返事《へんじ》が来《こ》ない。きらわれてるのかな？

A 相手《あいて》が返事《へんじ》をできないこともあるので、返事《へんじ》はのんびり待《ま》つようにしよう。

友《とも》だちにメッセージやメールを送《おく》ったのに、返事《へんじ》がなかなか返《かえ》ってこないこともあります。「無視《むし》されたのかな？」「おこらせたのかな？」と心配《しんぱい》になるかもしれませんが、あまり気《き》にしないようにしましょう。相手《あいて》は「今《いま》いそがしいから、あとでゆっくり返事《へんじ》をかこう」と思《おも》っているかもしれません。ぐあいが悪《わる》くてねていたり、夜《よる》はパソコンやスマホを使《つか》わないと、お家《うち》の人《ひと》と決《き》めていたりすることもあります。

また、あなたが送《おく》ったメッセージやスタンプを見《み》て、「この会話《かいわ》は、ひとまずこれで終《お》わりだよね」と、思《おも》っているかもしれませんね。

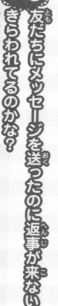

Q 知《し》らない人《ひと》からのメールに添付《てんぷ》ファイルがついていたら?

A パソコンがウイルスに感染《かんせん》することがあるので、開《ひら》かないで。

パソコンで、安全《あんぜん》ではないサイトにアクセスしたり、知《し》らない人《ひと》から送《おく》られてきた添付《てんぷ》ファイルを開《ひら》いたりすると、コンピューターウイルスに感《かん》染《せん》することがあります。ウイルスがパソコンの中《なか》に入《はい》ると、情報《じょうほう》をぬすんだり、パソコンをこわしたり、にせのメールを送《おく》って多額《たがく》のお金《かね》を払《はら》うように要求《ようきゅう》したりと、さまざまな問題《もんだい》を起《お》こします。

お家《うち》の人《ひと》にパソコンを借《か》りるときは、かってになにかをダウンロードしたり、あやしいサイトを見《み》たりしないように。また、ウイルス対策《たいさく》ソフトを入《い》れておいてもらいましょう。

Q かわいいカフェに行《い》ったので写真《しゃしん》をとってもいい?

A さつえい禁止《きんし》じゃないかどうかたしかめてからにしよう。

すてきなお店《みせ》に行《い》ったら、お店《みせ》のインテリアやかわいいスイーツを、写真《しゃしん》にとりたくなりますね。お店《みせ》で写真《しゃしん》をとるときには、そこがさつえい禁止《きんし》じゃないかどうかを、たしかめてからにします。わからない場合《ばあい》は、お店《みせ》の人《ひと》に聞《き》きましょう。また、お店《みせ》にいるほかの人《ひと》が、写真《しゃしん》にうつらないように気《き》をつけましょう。

コンサート会場《かいじょう》、美術館《びじゅつかん》や映画館《えいがかん》、お寺《てら》の本堂《ほんどう》なども、さつえいを禁止《きんし》していることが多《おお》いので、その場所《ばしょ》のルールをきちんと守《まも》るようにしましょう。

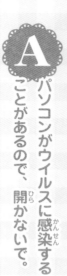

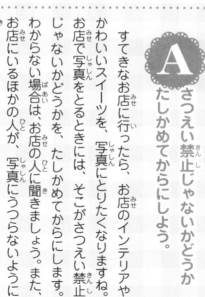

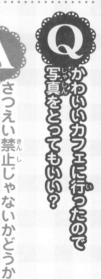

ネットやスマホのルール＆マナー チェックリスト

□ 友《とも》だちとのスマホの貸《か》し借《か》りはぜったいにしない。

□ 友《とも》だちのスマホをかってに見《み》たり使《つか》ったりしない。

□ お家《うち》の人《ひと》と決《き》めたスマホやネットの使用時間《しようじかん》を守《まも》る。

□ 電車《でんしゃ》、バス、図書館《としょかん》などでは、携帯電話《けいたいでんわ》やスマホで通話《つうわ》をしない。

□ 混雑時《こんざつじ》の優先席《ゆうせんせき》のそばや病院《びょういん》の中《なか》では、携帯電話《けいたいでんわ》やスマホの電源《でんげん》を切《き》る。

□ お家《うち》の人《ひと》の許可《きょか》なく、ネットでなにかを買《か》ったりダウンロードしたりしない。

どれくらいできているかな?
できているものにチェックしてみよう!

□ 自分《じぶん》の個人情報《こじんじょうほう》は、ネットにアップしない。

□ だれかが写《うつ》っている写真《しゃしん》を、かってにネットにアップしない。

□ ネットで知《し》り合《あ》った人《ひと》とは、ぜったいに会《あ》わない。

□ 知《し》らない人《ひと》から届《とど》いたメールやメッセージには返信《へんしん》しない。

□ だれかの個人情報《こじんじょうほう》や悪口《わるぐち》やうわさ話《ばなし》は、SNS《エスエヌエス》などにかかない。

□ ネットになにかをかきこむ前《まえ》に、問題《もんだい》ないかどうかよく考《かんが》えるクセをつける。

□ ネットに写真《しゃしん》をアップする前《まえ》に、問題《もんだい》ないかどうか確認《かくにん》する。

だめって
いわれてるんだけど…
スマホ
かしてよ！

キラかわクイズにチャレンジ！

めざせ♥ おしゃれコーデ

クイズ

おしゃれなコーデをするためには、どうすればいいかな？
下《した》のクイズに、○か×で答《こた》えてね。

① 着《き》る服《ふく》の色《いろ》によって、見《み》た目《め》のイメージが変《か》わる。 ❶
② 前《まえ》がみひとつで、顔《かお》のイメージが変《か》わる。 ❷
③ 洋服《ようふく》と小物《こもの》の色《いろ》は、そろえなくちゃいけない。 ❸
④ にあう服《ふく》や色《いろ》を身《み》につけないと、おしゃれに見《み》えない。 ❹
⑤ おとなっぽく見《み》せたいときは、ヒールの高《たか》いくつをはくのがベスト。 ❺

答《こた》え

❶ ○ 色《いろ》にはそれぞれイメージがあって、着《き》る服《ふく》の色《いろ》によってイメージも変《か》わる。黄色《きいろ》や赤《あか》は元気《げんき》な印象《いんしょう》。青《あお》は落《お》ちついてクールに見《み》えるといわれているよ。

❷ ○ イメージを変《か》えたいときは前《まえ》がみを変《か》えてみるのがおすすめ。まっすぐおろしたり、ななめに流《なが》したり、結《むす》んでおでこを出《だ》したり、いろいろためしてみてね。

❸ × 洋服《ようふく》と小物《こもの》を同《おな》じような色《いろ》にするコーデもあるけど、ぜんぜんちがう色《いろ》の小物《こもの》を合《あ》わせるのも、差《さ》し色《いろ》といってコーデのアクセントになるよ。

❹ × なにがにあうかは、いろいろためしてみないとわからないよ。いまはひとつに決《き》めずに、自分《じぶん》が着《き》たいと思《おも》う服《ふく》をいろいろと着《き》てみよう。

❺ × ヒールの高《たか》いくつは、成長期《せいちょうき》の足《あし》にわるい影響《えいきょう》をあたえることもあるよ。おとなっぽくしたいときはフリルや大《おお》きな柄《がら》のついていないシンプルな服《ふく》を着《き》てみて。

パート5

女《おんな》の子《こ》が知《し》って おきたい身《み》だしなみ

きれいのヒミツってなんだろう？

うわー、すごい！はじめてでドキドキする！
なにかおこまりのことがあれば言《い》ってくださいね
CA《キャビンアテンダント》さんって、なんだかやさしいし、すてき！
わたしもCA《キャビンアテンダント》さんになろうかな～
CA《キャビンアテンダント》さんがすてきなのは、どうしてだかわかる？
うーん、美人《びじん》だから！
ハハハ たしかに！
それもそうかも知《し》れないけど
やっぱり、しせいとしぐさがポイントかな

しせい？
たとえばおじぎとか
飲《の》みものをわたすしぐさ
ただ立《た》ってるだけのときだって、
背《せ》すじがのびていてきれいだよね
ふーん
あとは、えがおかな
おとうさん、よく見《み》てるね
仕事《しごと》でときどき、マナーのことを人《ひと》に教《おし》えることもあるからね
へ〜そうなんだ

そうだ、おとうさんってなんでおかあさんと結婚《けっこん》したの?
うわっ
ブッ
急《きゅう》に変《へん》なこと聞《き》かないでよ
ゲホ
ゲホ
おかあさんはねー、とにかくいつもにこにこしてておとうさんにはかがやいて見《み》えたんだよ
出会《であ》ったころのママ
落《お》ち込《こ》んだことがあっても、すごく前向《まえむ》きなことばをかけてくれて…それから…
って、あれ?
Zzz…
ちょっと聞《き》こえてたわよ
はずかしい!

すみません！ジュースをください
かしこまりました。今《いま》お持《も》ちしますね
はい、お待《ま》たせいたしました
わあ、ありがとうございます
プハーッおいしい～っ
また声《こえ》をかけてくださいね

すごくすてきな人《ひと》〜!
あれはメイちゃんだよ!
えっ、わたし?
清潔《せいけつ》で、きれいなしせい、それから前向《まえむ》きに考《かんが》えること!これができたのが、あそこにいるメイちゃん
わたしでも、あんなすてきな人《ひと》になれるんだ!?
メイ…メイ…
メイ、もう着陸《ちゃくりく》するよ
ハッ
変《へん》な夢《ゆめ》……でもなんだか自信《じしん》がわいてきた気《き》がする!

TPO《ティーピーオー》に合《あ》わせたコーデ

出《で》かけるとき、その場所《ばしょ》に合《あ》った服装《ふくそう》で行《い》くと、お出《で》かけがいっそう楽《たの》しくなるよ！

TPO《ティーピーオー》に合《あ》わせた服《ふく》

TPO《ティーピーオー》とはTime《タイム》(時間《じかん》)、Place《プレイス》(場所《ばしょ》)、Occasion《オケイジョン》(場合《ばあい》)の頭文字《かしらもじ》をとってつくられたことばです。コーデとはコーディネートの略語《りゃくご》で、服《ふく》の組《く》み合《あ》わせのことを意味《いみ》しています。

洋服《ようふく》をえらぶときに、このT《ティー》PO《ピーオー》を意識《いしき》すると、その場所《ばしょ》に合《あ》ったふんいきになることができて、自分自身《じぶんじしん》がおちつくだけでなく、まわりの人《ひと》にもよい印《いん》象《しょう》をあたえることができます。

じっさいにTPO《ティーピーオー》に合《あ》ったコーデを組《く》み立《た》てるときは、季節《きせつ》や天候《てんこう》に合《あ》っているか、なにをしに行《い》くのか、動《うご》きにくくないか、服《ふく》の色《いろ》や素材《そざい》が場所《ばしょ》に合《あ》っているかなどを考《かんが》えてえらんでみましょう。

たとえば、キャンプなどに行《い》くときは、動《うご》きやすい服《ふく》に歩《ある》きやすいくつを合《あ》わせるのが正解《せいかい》。季節《きせつ》や天候《てんこう》を考《かんが》えて、ウィンドブレーカーや日差《ひざ》しよけのぼうしをプラスするなど、工夫《くふう》をしてみましょう。

特別《とくべつ》な場所《ばしょ》におよばれした日《ひ》はちょっとおめかししてみましょう。結婚式《けっこんしき》に出席《しゅっせき》する場合《ばあい》は、花《はな》よめさんの色《いろ》といわれる真《ま》っ白《しろ》の服《ふく》はさけて、ほかの色《いろ》の服《ふく》をえらぶようにしましょう。

また、どんな場所《ばしょ》でもはだを出《だ》すのはひかえめに（→158ページ）。

ヘアスタイルもTPO《ティーピーオー》に合《あ》わせて

勉強《べんきょう》をするときは、前《まえ》がみをヘアピンでとめたり、ハーフアップやポニーテールにするのがおすすめ。かみの毛《け》がすっきりまとまって顔《かお》にかからないので、勉強《べんきょう》に集中《しゅうちゅう》できます。

体育《たいいく》のときは、安全《あんぜん》のため、とがったヘアアクセサリーをつけるのはやめましょう。かみを結《むす》ぶときは、ぼうしをかぶったり、はちまきをまいたときにじゃまにならない高《たか》さにしましょう。

おしゃれを毎日《まいにち》の楽《たの》しみに

服《ふく》のコーデやヘアアレンジのセンスをみがくと、あなたのみりょくが引《ひ》き出《だ》されて、毎日《まいにち》をより楽《たの》しむことができます。

おしゃれを楽《たの》しむのにたくさんの服《ふく》は必要《ひつよう》ありません。少《すく》ない洋服《ようふく》を上手《じょうず》に着回《きまわ》せる人《ひと》が、おしゃれの達人《たつじん》です。持《も》っている洋服《ようふく》をどうすればすてきに着《き》こなせるか、毎日《まいにち》のコーディネート作《づく》りを楽《たの》しみましょう。

清潔感《せいけつかん》を身《み》につけるには…

清潔《せいけつ》な身《み》なりでいることは、自分自身《じぶんじしん》が気《き》もちよくすごすためでもあります。

清潔《せいけつ》でいることは、まわりにいる人《ひと》への大切《たいせつ》なマナー。あなたといっしょにすごす人《ひと》が気分《きぶん》よくいられるように、外出《がいしゅつ》前《まえ》には鏡《かがみ》の前《まえ》で身《み》だしなみをチェックしましょう。身《み》だしなみを整《ととの》えているうちに、心《こころ》や表情《ひょうじょう》が明《あか》るくなり、気《き》もちも引《ひ》きしまってくるでしょう。

出《で》かける前《まえ》には、歯《は》みがきや洗顔《せんがん》をして、かみは寝《ね》ぐせを直《なお》してブラシをかけておきましょう。つめが伸《の》びていたら、切《き》ることも忘《わす》れずに。鏡《かがみ》の前《まえ》で、えがおの練習《れんしゅう》をするのもおすすめです。

洋服《ようふく》やくつは、着《き》る前《まえ》によごれや毛玉《けだま》がついていないかチェックして。首元《くびもと》やそで口《ぐち》が伸《の》びきった服《ふく》は、外《そと》には着《き》ていかないように。ほつれを見《み》つけたときは直《なお》しておきましょう。ハンカチやティッシュはいつも持《も》って置《お》くと安心《あんしん》です。

きれいなしせいの作《つく》り方《かた》

しせいをピンッと正《ただ》すと、気《き》もちもしゃきっと上向《うわむ》きになりますよ。

上《うえ》から糸《いと》でつられているイメージで歩《ある》く
ピンッ！
あごを引《ひ》く
背《せ》すじを伸《の》ばしてうしろはこぶし一《ひと》つ分《ぶん》あける
背《せ》すじはピン！

背《せ》すじがすっと伸《の》びたきれいなしせいの人《ひと》は、それだけでみりょく的《てき》です。

きれいなしせいをつくるポイントは、頭《あたま》のてっぺんについた糸《いと》で体全体《からだぜんたい》がつられているイメージを持《も》つこと。立《た》つときは、そのイメージを持《も》ちながら、顔《かお》をまっすぐ前《まえ》に向《む》け、足《あし》をそろえ、あごとおしりを軽《かる》く引《ひ》っ込《こ》めましょう。体《からだ》をかたむけたり、猫背《ねこぜ》でいると、ダラッと見《み》えてしまいます。

いすにすわるときは、背《せ》もたれからこぶしをひとつ分空《ぶんあ》けたところにおしりを置《お》いて、背《せ》すじをすっと伸《の》ばします。足《あし》はそろえて、ひざは直角《ちょっかく》に曲《ま》げましょう。

歩《ある》くときも背《せ》すじをしっかりと伸《の》ばし、前《まえ》に出《だ》す足《あし》のひざを伸《の》ばして、かかとから着地《ちゃくち》することを意識《いしき》します。がにまたや内《うち》またにならないように気《き》をつけて！

キラキラことば

話《はな》し方《かた》で変《か》わるイメージ

話《はな》し方《かた》ひとつで、相手《あいて》にあたえるイメージをよくすることができますよ。

たとえば、なにかを貸《か》してほしいとき、「貸《か》せよ」「貸《か》してちょうだい」「貸《か》してください」「貸《か》していただけますか」と、いろいろな言《い》い方《かた》をすることができます。言《い》い方《かた》によって、ずいぶん印象《いんしょう》が変《か》わりますね。同《おな》じことを頼《たの》まれても、言《い》われた人《ひと》の気分《きぶん》も、まったくちがいます。

ていねいにきれいなことばで話《はな》す人《ひと》は、みんなに「やさしそうだな」「すてきな人《ひと》だな」と、よいイメージを与《あた》えます。話《はな》し方《かた》ひとつでみんなの人気者《にんきもの》になれるかもしれません。反対《はんたい》に本《ほん》当《とう》はやさしく親切《しんせつ》な人《ひと》でも、らんぼうな話《はな》し方《かた》のせいで、「あの人《ひと》は怖《こわ》そう」「なんだかいばってるみたい」なんて思《おも》われるのはもったいないですね。

では、みんなに好《す》かれる話《はな》し方《かた》をするには、どうすればいいでしょうか。

まず、ていねいなことばづかいをすること。それから、聞《き》く方《ほう》も話《はな》す方《ほう》も気《き》もちが明《あか》るくなるようなことばを口《くち》にする人《ひと》のまわりには人《ひと》が集《あつ》まります。

会話《かいわ》をするときは、キャッチボールをするように、自分《じぶん》と相手《あいて》との間《あいだ》で順番《じゅんばん》にことばを投《な》げ合《あ》うことを意識《いしき》しましょう。会話《かいわ》のとちゅうで、自分《じぶん》の話《はな》したいことばかりを、一方《いっぽう》的《てき》に話《はな》してないかな？ 相手《あいて》の話《はなし》をとちゅうでさえぎったりしてないかな?とちょっと考《かんが》えてみるといいですね。

また、よばれたときは、笑《え》顔《がお》で「はい」と明《あか》るい声《こえ》で返事《へんじ》をするとグーンと印象《いんしょう》がアップしますよ。

たくさんの人《ひと》の前《まえ》で話《はな》すときは、みんなに聞《き》こえるように大《おお》きな声《こえ》で話《はな》します。顔《かお》を上《あ》げて、おなかから声《こえ》を出《だ》すことを意識《いしき》してみましょう。自《じ》分《ぶん》の声《こえ》を教室《きょうしつ》の後《うし》ろの方《ほう》にポーンと飛《と》ばすイメージで話《はな》すとうまくいくかも。大《おお》きな声《こえ》でゆっくり話《はな》すとどうどうとして見《み》えて、かっこいいですよ。

はだを出《だ》すのはひかえめに

女《おんな》の子《こ》があまりにはだを出《だ》した服《ふく》を着《き》ていると、
きけんな目《め》にあうこともあります。

あのモデルさん
かわいいな～
こんな服《ふく》着《き》たい
肩《かた》もおへそも足《あし》も出《で》てるからね…

暑《あつ》い季節《きせつ》になると短《みじか》いスカートやノースリーブなど涼《すず》しい服《ふく》を着《き》たくなりますね。でも女《おんな》の子《こ》がはだを出《だ》した服《ふく》を着《き》ていると変《へん》な人《ひと》にねらわれやすくなり、きけんな目《め》にあう可能性《かのうせい》も出《で》てきます。

テレビや雑誌《ざっし》でかわいい格好《かっこう》をしている芸能人《げいのうじん》を見《み》ると、まねしてみたくなりますね。でも雑誌《ざっし》の中《なか》ではよくても、実際《じっさい》に小学生《しょうがくせい》の女《おんな》の子《こ》が肩《かた》やおへそが出《で》る服《ふく》を着《き》て歩《ある》いていると、とても目立《めだ》ち、悪《わる》い人《ひと》に目《め》をつけられやすくなります。

短《みじか》めのスカートやショートパンツをはくときは、下着《したぎ》が見《み》えないように、下《した》にオーバーパンツやスパッツなどをはき、胸元《むなもと》や背中《せなか》が大《おお》きく開《あ》いた服《ふく》や、肩《かた》やおへその出《で》る服《ふく》はさけましょう。迷《まよ》ったときはお家《うち》の人《ひと》に、この格好《かっこう》で出《で》かけていいかな？と聞《き》いてみるといいですね。

外見《がいけん》のなやみは人《ひと》それぞれ

だれかのまねをするよりも、自分自身《じぶんじしん》のみりょくをみがくことを目《め》ざして！

私《わたし》って太《ふと》ってる？
メイクしたらブツブツできた
あなたはあなたのままで一番《いちばん》かわいい
1

身体《からだ》がおとなの女性《じょせい》へと成長《せいちょう》していく小《しょう》～中学生《ちゅうがくせい》の時期《じき》は、バランスのよい食事《しょくじ》をとることがとても大切《たいせつ》。もし体型《たいけい》が気《き》になるのであれば、おかしをやめて、適度《てきど》な運動《うんどう》をするのがおすすめです。はだのなやみがある人《ひと》もいるでしょう。おかしの食《た》べすぎや寝不足《ねぶそく》はニキビの原因《げんいん》になります。メイクをしたことではだが荒《あ》れてしまうケースも。おとなになるまではメイクよりも、自分《じぶん》に合《あ》ったスキンケアをみつけることに力《ちから》を注《そそ》ぎましょう。

目《め》が小《ちい》さい（大《おお》きい）・クセっ毛《け》（直毛《ちょくもう》）・背《せ》が高《たか》い（低《ひく》い）など、外見《がいけん》について自分《じぶん》とだれかを比《くら》べてしまうこともあるかもしれません。けれども、あなたにはあなたにしかないみりょくがあるはず。自分《じぶん》にしかないかわいらしさをみつけて、それを満開《まんかい》にすることを目《め》ざしましょう。

キラキラポイント

においの問題《もんだい》はデリケート

自分《じぶん》のにおい、友《とも》だちのにおい…、においが気《き》になるとき、ちょっと考《かんが》えて。

子《こ》どもからおとなになるために、体《からだ》や心《こころ》が変《か》わっていく8歳《さい》くらいから18歳《さい》くらいまでを「思春期《ししゅんき》」といいます。

この時期《じき》は、汗《あせ》のにおいや体《からだ》のにおいも幼《おさな》いときとは変《か》わる時期《じき》でもあります。

自分《じぶん》のにおいが気《き》になるときは、制汗《せいかん》スプレーなどを使《つか》いすぎてごまかすのではなく、毎日清《まいにちせい》けつにすることが大切《たいせつ》です。おふろに入《はい》る、かみを洗《あら》う、歯《は》をみがく、清《せい》けつな服《ふく》を身《み》につけるといったことをきちんとしていれば、そんなに気《き》にしなくてもだいじょうぶ。

かいたばかりの汗《あせ》はにおいませんが、放《ほう》っておくとにおいが出《で》てきます。汗《あせ》をかいたら、ぬらしてかたくしぼったタオルでこまめにふきましょう。かわいたタオルでごしごしこすると、はだをいためるのでや

さしくふくのがおすすめ。たくさん汗《あせ》をかきそうなときは、かえの下着《したぎ》をもっていき、汗《あせ》をふいたあとに下着《したぎ》をかえるといいですね。

自分《じぶん》ではよいにおいだと思《おも》っていても、強《つよ》い香《かお》りが苦手《にがて》な人《ひと》もいるので、制汗《せいかん》スプレーや汗《あせ》ふきシートを使《つか》うときは香《かお》りの強《つよ》いものはさけ、コロンや香水《こうすい》をつけたい場合《ばあい》は、お休《やす》みの日《ひ》だけにしておきましょう。

また、クラスメートの中《なか》には、病気《びょうき》や体質《たいしつ》でにおいが強《つよ》い人《ひと》もいるかもしれません。軽《かる》はずみに「くさい」などと言《い》ってしまうことで、相手《あいて》を傷《きず》つけてしまうおそれもあります。本《ほん》人《にん》に言《い》わなくても、友《とも》だち同《どう》士《し》で「あの子《こ》、におうよね」などと言《い》うのもやめましょう。

自分《じぶん》も友《とも》だちに「くさい」と言《い》われていたら、とても傷《きず》つきますよね。においの問題《もんだい》はとってもデリケートなので、気《き》をつけて。

もし自分《じぶん》のにおいが気《き》になるときは、おうちの人《ひと》や保健室《ほけんしつ》の先生《せんせい》に相談《そうだん》してみましょう。

自分《じぶん》みがきってなに？

もっとキラキラした自分《じぶん》になるためには、どうしたらいいのかな？

自分《じぶん》をみがこう

自分《じぶん》みがきとは、自分《じぶん》にしかないみりょくを自分自身《じぶんじしん》で発見《はっけん》し、もっとすてきになれるように努力《どりょく》することです。

新《あたら》しいことにチャレンジすると、今《いま》まで知《し》らなかった自分《じぶん》の新《あら》たな一面《いちめん》を発見《はっけん》することができます。自分《じぶん》の心《こころ》にすなおになって、「楽《たの》しそう」「おもしろそう」「じょうずになりたい」と思《おも》えるものに、どんどんチャレンジしてみましょう。

あなたの人生《じんせい》は、あなたが主人公《しゅじんこう》

心《こころ》と身体《からだ》が少《すこ》しずつ成長《せいちょう》していく小学生《しょうがくせい》〜中学生《ちゅうがくせい》の時期《じき》は、「女《おんな》の子《こ》らしく」とか「みんなと同《おな》じでなきゃ」といった、まわりのおとなや友《とも》だちの声《こえ》が気《き》になってしまいがち。

やりたいことにチャレンジするのをためらってしまう人《ひと》もいるかもしれませんね。

けれども、「女《おんな》の子《こ》らしくいること」や「みんなと同《おな》じでいること」にとらわれすぎて、やりたい気《き》もちをおさえこんでしまうことほど、もったいないことはありません。まわりからどう見《み》られるかということばかりビクビクと考《かんが》えていると、気《き》もちが不安定《ふあんてい》になり、自信《じしん》もなくなってしまいます。

あなたの人生《じんせい》は、あなたが主《しゅ》人公《じんこう》。自分《じぶん》のやりたいことをがんばることが、なによりも大切《たいせつ》です。

心《こころ》と身体《からだ》に向《む》き合《あ》う

ときどき、自分《じぶん》の心《こころ》と身体《からだ》が元気《げんき》かどうか、自分自身《じぶんじしん》に聞《き》いてみるのも大切《たいせつ》。

つかれているなと思《おも》ったら、思《おも》いきって休《きゅう》けいして気力《きりょく》と体《たい》力《りょく》を回復《かいふく》させて。

また、なんだかムリをしているなと感《かん》じたときは、「自分《じぶん》は、本当《ほんとう》はどうしたいのか」と考《かんが》えてみましょう。

自分《じぶん》のことを好《す》きでいよう

人《ひと》と自分《じぶん》をくらべるのではなく、自分《じぶん》の持《も》っているみりょくや長所《ちょうしょ》、そして自分自身《じぶんじしん》の成長《せいちょう》に目《め》を向《む》ける習慣《しゅうかん》をつけましょう。自分《じぶん》が好《す》きなことやとくいなことをノートに書《か》き出《だ》すのもよいですね。自分《じぶん》のよいところに気《き》がつくと、自分《じぶん》に自信《じしん》がついて前向《まえむ》きになり、自分《じぶん》のことが好《す》きになれますよ。

明《あか》るく前向《まえむ》きな気《き》もちで、あなたらしさをのびのびとかがやかせながら、毎日《まいにち》を楽《たの》しくすごしていきましょう（→164ページ）。

プラス思考《しこう》ってすてき

いろいろな経験《けいけん》をすることで、自分《じぶん》の中《なか》にある意外《いがい》な才能《さいのう》に気《き》がつくかもしれません。

みりょく的《てき》な女《おんな》の子《こ》になるためには、自分《じぶん》に自信《じしん》を持《も》つことが大切《たいせつ》です。そのためには、なんでもいっしょうけんめいやること。たとえ失敗《しっぱい》したとしても、自《じ》分《ぶん》はがんばれた、という思《おも》いはきっと自《じ》信《しん》につながります。

また、落《お》ち込《こ》んだときには、自分《じぶん》のいいところをさがしましょう。人《ひと》と自分《じぶん》を比《くら》べてばかりいると、心《こころ》が不安定《ふあんてい》になり、自信《じしん》がなくなってしまいます。好《す》きなことに打《う》ち込《こ》む時間《じかん》を増《ふ》やしたり、自分《じぶん》のいいところや、成長《せいちょう》したところに目《め》を向《む》けてみましょう。

プラス思考《しこう》を心《こころ》がけて、いつも前向《まえむ》きにがんばっていると、ものごとのよいところがたくさん見《み》えてくるようになり、毎日《まいにち》が楽《たの》しくなります。ポジティブなことばを自分《じぶん》にかけてあげて！

えがおで印象《いんしょう》アップ!

あなたのえがおには、自分《じぶん》やまわりにいる人《ひと》を、元気《げんき》で晴《は》れやかな気《き》もちにするパワーがあります。

だれかのえがおを見《み》たら、うれしい気《き》もちになりますね。あなたのえがおも、だれかを元気《げんき》にすることができます。

あいさつするとき、話《はなし》をするとき、なにかを手渡《てわた》すときに、えがおをプラスするだけであなたの印象《いんしょう》がぐんとアップ。えがおにはあなたのみりょくを引《ひ》き出《だ》すパワーもあるのです。えがおが自然《しぜん》に出《で》てくるように、ときどき顔《かお》の筋肉《きんにく》を思《おも》いっきり動《うご》かして、ほぐしておくとよいでしょう。

えがおといっても、相手《あいて》のきげんをとるためのあいそわらい、人《ひと》を見下《みくだ》したようないじわるなえがおは逆効果《ぎゃくこうか》。えがおには、あなたのハートが映《うつ》し出《だ》されます。楽《たの》しい気《き》もち、うれしい気《き》もちが素直《すなお》にあらわれたえがおでいると、あなたのまわりに幸《しあわ》せがいっぱいやって来《き》ますよ。

身《み》だしなみのルール・マナーQ&A

TPO《ティーピーオー》に合《あ》わせたマナーをおぼえて
おしゃれをもっと楽《たの》しもう！

Q かわいいヘアアレンジをやってみたい！

A みつあみやおだんごをマスターしよう。

みつあみ

①かみを3つの束《たば》に分《わ》ける。

②AをBの上《うえ》にクロスさせる。

③CをAの上《うえ》にクロスさせる。

④②と③を、順番《じゅんばん》にくりかえす。

⑤あみ終《お》わりをゴムでとめる。

おだんご

①おだんごを作《つく》りたい位置《いち》で、かみをゴムでしっかりと結《むす》ぶ。

※毛先《けさき》は最後《さいご》まで出《だ》さずに小《ちい》さいおだんごを作《つく》る。

②ゴムをかくすように、結《むす》び目《め》に毛先《けさき》をぐるっとまきつける。

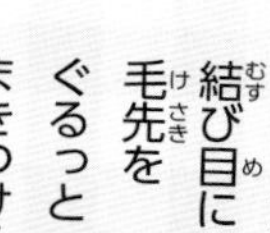

③まきつけたかみの毛先《けさき》を結《むす》び目《め》のゴムにはさんでとめる。

※とび出《だ》したかみはピンでとめるときれいにまとまる。

Q メイクやネイルをして学校《がっこう》に行《い》ってもいい？

A メイクやネイルのおしゃれはお休《やす》みの日《ひ》の楽《たの》しみにして。

学校《がっこう》には、メイクやネイルをしていかないようにしましょう。どうしてもしてみたいときは、お休《やす》みの日《ひ》に色付《いろつ》きリップをしたり、ネイルシールをはったりして楽《たの》しんで。

おとな向《む》けの化粧品《けしょうひん》を子《こ》どもが使《つか》うと、はだがあれる原因《げんいん》になることも。マスカラやアイシャドウなど目元《めもと》のメイクが原因《げんいん》で、目《め》が赤《あか》くなったりまぶたがはれたりすることもあります。

マニキュアやマニキュアを落《お》とすリムーバーは、つめを傷《いた》めることもあるので、しげきの少《すく》ないものを選《えら》びましょう。

Q 体育《たいいく》のとき、むねが気《き》になってはずかしい。

A お家《うち》の人《ひと》に相談《そうだん》して、必要《ひつよう》ならブラジャーをつけましょう。

成長《せいちょう》するにつれてむねがふくらんだり、乳首《ちくび》が大《おお》きくなったりするのは自然《しぜん》なこと。うす着《ぎ》をすると、なんとなくむねが目立《めだ》つような気《き》がしてはずかしいと思《おも》ったら、お母《かあ》さんやおねえさん、保健室《ほけんしつ》の先生《せんせい》など、おとなの女《おんな》の人《ひと》に相談《そうだん》してみて。

むねが大《おお》きくなくても、乳首《ちくび》が服《ふく》や下着《したぎ》にこすれて、かゆくなったりチクチクしたりするときは、ジュニア向《む》けのブラジャーをつけたり、むねを保《ほ》護《ご》する下着《したぎ》をつけるようにしましょう。

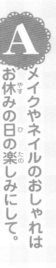

身《み》だしなみのルール&マナー チェックリスト

- □ TPO《ティーピーオー》に合《あ》わせたコーディネートをするように、心《こころ》がける。
- □ 毎日《まいにち》、おふろに入《はい》り、歯《は》みがきをする。
- □ 出《で》かける前《まえ》には、ねぐせがついていないかチェックをする。
- □ 洋服《ようふく》やくつは、身《み》につける前《まえ》によごれていないかチェックをする。
- □ 背《せ》すじをピンと伸《の》ばし、ひざをのばして歩《ある》く。
- □ 背《せ》すじをピンと伸《の》ばし、足《あし》をそろえてすわる。

どれくらいできているかな？
できているものにチェックしてみよう！

- □ ていねいできれいなことばづかいをするように、心《こころ》がける。
- □ おへそや肩《かた》が出《で》る服《ふく》を着《き》て出《で》かけない。
- □ 短《みじか》いスカートやパンツをはくときは、下《した》にオーバーパンツなどをはく。
- □ 香《かお》りの強《つよ》い制汗剤《せいかんざい》やコロンは、学校《がっこう》にはつけていかない。
- □ おはだや体型《たいけい》のためにも、甘《あま》いものやスナックがしを食《た》べすぎない。
- □ 自分《じぶん》とだれかをくらべすぎず、自分《じぶん》のみりょくを見《み》つける。
- □ いつでもプラス思考《しこう》で、えがおでいるように心《こころ》がける。

ルールやマナーで、いいことたくさん♡

そう、みんなが楽《たの》しく安全《あんぜん》にくらすためには、ルールやマナーが必要《ひつよう》だって、メイちゃんに伝《つた》えたくて出《で》てきたの！
とても大切《たいせつ》なことだってわかったよ
じゃあ、メイちゃん、これからもルールやマナーを忘《わす》れないですてきな女《おんな》の子《こ》になってね
ずっとそばにいておうえんしてるから
またね…
あっ！

さみしいけど、ずっといっしょにいるんだもんね
あ、もうこんな時間《じかん》
おかあさん朝《あさ》ごはん作《つく》るの手伝《てつだ》うよ
ルールやマナーって……
身《み》につけておくと……
いただきます おいしい
行《い》ってきます
たくさんの友《とも》だちができたり……

自分《じぶん》に自信《じしん》が持《も》てたり……
おはようございます
おはよう! 気《き》をつけて行《い》ってらっしゃい
ありがとうございます! 行《い》ってきます!
……いいことがたくさん!
おはようございます
メイちゃんおねえさんになってきたわね~
おはよう
メイ、おはよう
おはよう
これからもすてきな女《おんな》の子《こ》目《め》ざして
がんばるぞ!

おわりに

すてきなおとなってどんな人《ひと》？

「ルールとマナーのお話《はなし》」はいかがでしたか？　はじめて知《し》ったこと、すでに知《し》っていたこともあったことでしょう。

でもルールとマナーは、身《み》につけてこそ役《やく》に立《た》つものです。知識《ちしき》をえるだけでは、「ここぞ」というだいじな場面《ばめん》で、すぐに行動《こうどう》にうつせないものです。頭《あたま》ではわかっているけれど、体《からだ》が動《うご》かないのです。本当《ほんとう》に身《み》につけていくためには、日々《ひび》のくらしの中《なか》で、自然《しぜん》にできるようになるまで、実際《じっさい》になんどもやってみること。これが一番大切《いちばんたいせつ》です。

この本《ほん》を手《て》に取《と》ってくれるような小学生《しょうがくせい》の時代《じだい》は、スポンジのようになんでも吸収《きゅうしゅう》できるすばらしい時期《じき》でもあります。勉強《べんきょう》、スポーツ、しゅみのほかにも、ルールやマナーを習慣《しゅうかん》として身《み》につけるのに、最適《さいてき》でもあるのです。

最初《さいしょ》からルールやマナーが身《み》についている人《ひと》はいません。「みんなの前《まえ》でまちがったらはずかしいな」などと思《おも》わなくてもだいじょうぶです。あなたの家《いえ》や学校《がっこう》、またはお出《で》かけ先《さき》で、毎日少《まいにちすこ》しずつやってみることで、いつしか自然《しぜん》にふるまえるようになります。

今日《きょう》からさっそく、気《き》になるテーマからでよいので、行動《こうどう》にうつしてみましょう。正《ただ》しいルールとマナーを身《み》につければ、どんな場所《ばしょ》に行《い》っても、どんな人《ひと》の前《まえ》に出《で》てもはずかしくなくなります。いつでもどこでも、どうどうと自分《じぶん》らしくいられるようになります。

やさしさと気《き》づかいをもちながら、自信《じしん》をもってステキな人《ひと》になれるように、いつもこの本《ほん》を手元《てもと》においていただければうれしいです。

アフェクションキッズマナー　大塚《おおつか》けいこ

監修

大塚けいこ（おおつか けいこ）
キッズマナーインストラクター
「アフェクションキッズマナー」主宰。
東京都内の学校で生徒にビジネスマナーを教える。レッスンを重ねることで姿勢や表情、さらには行動まで変化する様子を目の当たりにする。その後独立し、未就学児から小学生向けにプログラムを開発、1回完結型のキッズマナーレッスンを運営している。現在は子役モデルから小学校受験、就学前のマナー習得まで幅広く対応。
アフェクションキッズマナー
https://www.affection-kids.jp/
すぎなみキッズマナー教室

STAFF

マンガ　えのきのこ、ゼリービーンズ
イラスト　これきよ、のだかおり
よこやまひろこ
執筆協力　井上智絵
校正　文字工房 燦光
本文デザイン　クラップス
編集制作　みっとめるへん社
編集担当　田丸智子（ナツメ出版企画）

ナツメ社Webサイト
http://www.natsume.co.jp
書籍の最新情報（正誤情報を含む）はナツメ社Webサイトをご覧ください。

自分《じぶん》をみがこう！ 一生役立《いっしょうやくだ》つルールとマナー

2020年7月6日　初版発行

監修者　大塚《おおつか》けいこ
発行者　田村正隆
発行所　株式会社ナツメ社
東京都千代田区神田神保町1-52　ナツメ社ビル１Ｆ（〒101-0051）
電話 03(3291)1257（代表）FAX 03(3291)5761
振替 00130-1-58661
制　作　ナツメ出版企画株式会社
東京都千代田区神田神保町1-52　ナツメ社ビル３Ｆ（〒101-0051）
電話 03(3295)3921（代表）
印刷所　広研印刷株式会社

ISBN978-4-8163-6853-0
〈定価はカバーに表示してあります〉
〈落丁本、乱丁本はお取り替えいたします〉

本書に関するお問い合わせは、上記、ナツメ出版企画株式会社までお願いいたします。